Los geht's!

Kurahei Ogino
Tobias Bauer

DOGAKUSHA

表紙写真:©Gunter Kirsch/AGE Fotostock/JTB Photo
表紙デザイン:アップルボックス
本文イラスト:渡辺奈央子

前　書　き

　本書は、ドイツ語をはじめて学ぶ人たちを対象とした「初級ドイツ語文法書」です。全部で 13 課からなり、「アルファベット」「発音」から「接続法第 2 式」まで初級ドイツ語文法を一通り学習することができます。なお、扱えなかった文法項目は、巻末の「文法補足」にまとめてありますので参照してください。

　本書の各課は、Dialog, Grammatik, Partnerübungen の 3 部構成です。

1. Dialog（会話）では、「自己紹介」（第 1 課）、「道を尋ねる」（第 2 課）、「買い物をする」（第 3 課）など、日常生活からいくつかの場面を取り上げ、それぞれの場面でよく使われるドイツ語の語彙や言い回しを学びます。

2. Grammatik（文法）では、各文法項目の説明の直後に「基礎練習」を配し、文法に関する知識の定着を図るとともに、随所に「学習のヒント」を添えることによって学習がスムーズに進むように心がけました。

3. Partnerübungen（パートナー練習）は、対話練習のコーナーです。各課で学習した文法項目や、Dialog で導入された言い回しを繰り返し練習してください。

4. （先生方へ）なお本書には、「ドイツ語技能検定試験」を模した基礎問題や応用問題が「教授用資料」として用意されていますのでご利用下さい。

　本書のタイトルの Los geht's とはドイツ語で「さあ始めよう」「それ行け」の意味です。せっかくドイツ語を学ぶのですから、1 年先、2 年先にひとつ腕試しにドイツ語圏へでかけてみることを目標に「さあ始めましょう！」。

2016 年　春

著　者

目　次

アルファベット ··· 5
発　音 ·· 6

1 [自己紹介] ··· 9
　1. 動詞の現在人称変化 1（規則変化）　2. 定動詞の位置　3. sein の現在人称変化

2 [道を尋ねる] ··· 13
　1. 名詞の性と冠詞　2. 名詞の格変化　3. haben と werden の現在人称変化

3 [買い物をする] ··· 17
　1. 名詞の複数形　2. 複数名詞の格変化　3. 男性弱変化名詞　4. 数詞（1）

4 [趣味について] ··· 21
　1. 動詞の現在人称変化 2（不規則変化）　2. 命令形　3. 人称代名詞の 3 格と 4 格

5 [乗り物に乗る] ··· 25
　1. 前置詞の格支配　2. 前置詞と定冠詞との融合形　3. 前置詞と人称代名詞との融合形

6 [否定・拒絶する] ·· 29
　1. 定冠詞類（dieser 型）　2. 不定冠詞類（mein 型）　3. 否定冠詞 kein　4. 数詞（2）

7 [訪問する] ··· 33
　1. 話法の助動詞　2. 未来の助動詞 werden

8 [病気になったら] ·· 37
　1. 分離動詞　2. 非分離動詞　3. 再帰動詞

9 [過去を語る] ··· 41
　1. 動詞の三基本形　2. 過去人称変化　3. 従属接続詞と副文

10 [最近の出来事について] ·· 45
　1. 現在完了形　2. 非人称 es の用法　3. zu 不定詞

11 [人物を描写する] ··· 49
　1. 形容詞の格変化　2. 形容詞・副詞の比較変化

12 [レシピを説明する] ··· 53
　1. 受動態　2. 状態受動　3. 関係代名詞

13 [仮定の話をする] ··· 57
　1. 接続法第 2 式

文法補足 ··· 60
　1. 動詞の現在人称変化の例外　2. 疑問代名詞 wer と was　3. 前置詞と疑問代名詞
　was との融合形　4. 形容詞の名詞化　5. 序数　6. 不定関係代名詞 wer と was
　7. 自動詞の受動態　8. 接続法第 1 式　9. 指示代名詞　10. 現在分詞　11. 西暦

不規則動詞変化表 ·· 63

Das Alphabet

A	a	𝒜 𝒶	[á:アー]	P	p	𝒫 𝓅	[pé:ベー]
B	b	ℬ 𝒷	[bé:ベー]	Q	q	𝒬 𝓆	[kú:クー]
C	c	𝒞 𝒸	[tsé:ツェー]	R	r	ℛ 𝓇	[ér エル]
D	d	𝒟 𝒹	[dé:デー]	S	s	𝒮 𝓈	[és エス]
E	e	ℰ ℯ	[é:エー]	T	t	𝒯 𝓉	[té:テー]
F	f	ℱ 𝒻	[éf エふ]	U	u	𝒰 𝓊	[ú:ウー]
G	g	𝒢 ℊ	[gé:ゲー]	V	v	𝒱 𝓋	[fáʊ ふァオ]
H	h	ℋ 𝒽	[há:ハー]	W	w	𝒲 𝓌	[vé:ヴェー]
I	i	ℐ 𝒾	[í:イー]	X	x	𝒳 𝓍	[íks イクス]
J	j	𝒥 𝒿	[jót ヨット]	Y	y	𝒴 𝓎	[ýpsilɔn ユプスィろン]
K	k	𝒦 𝓀	[ká:カー]	Z	z	𝒵 𝓏	[tsét ツェット]
L	l	ℒ 𝓁	[él エる]	Ä	ä	𝒜̈ 𝒶̈	[ɛ́:エー]
M	m	ℳ 𝓂	[ém エム]	Ö	ö	𝒪̈ 𝑜̈	[ǿ:エー]
N	n	𝒩 𝓃	[én エン]	Ü	ü	𝒰̈ 𝓊̈	[ý:ユー]
O	o	𝒪 𝑜	[ó:オー]		ß	ß	[ɛs-tsét エス・ツェット]

発音

1 発音と綴りの原則

> ① ほぼローマ字読み。
> ② アクセントは原則として第一音節。ただし、外来語は最終音節に。
> ③ （アクセントのある）母音は子音一つの前では長く、子音二つ以上の前では短い。
>
>   Dame 婦人 Hut 帽子 kalt 寒い Grund 理由
>   （外来語）Kultúr 文化 Momént 瞬間

◆ 名詞は、常に頭文字を大文字で書きます：英 school, 独 **S**chule

2 注意すべき発音

1) 母音

① 変母音（ウムラウト）

ä（[a] の口の構えで [e] と発音）
 Kälte 寒さ Gäste 客（複数） Täter 犯人 Bär 熊

ö（[o] の口の構えで [e] と発音）
 öffnen 開ける Köln ケルン Möbel 家具 hören 聞く

ü/y（[u] の口の構えで [i] と発音）
 küssen キスをする Glück 幸運
 kühl 涼しい über …の上方に typisch 典型的な

② 二重母音（複母音）
ei　［アイ］ drei　3 bleiben　とどまる
eu, äu　［オイ］ Freund　友だち Gebäude　建物

③ 長母音
ie　［イー］ lieben　愛する Fieber　熱
  （アクセントが置かれない場合:）［イエ］ Familie　［ファミーリエ］　家族

2) 子音

① 語末の **-b**、**-d**、**-g** は [p]、[t]、[k] となります。
 Kalb　子牛 Hund　犬 Tag　日
また **-b, -g** は、**-s, -t** の前でも [p], [k] となります。
 Obst　果物 lügen ［リューゲン］嘘をつく → er lügt ［リュークトゥ］彼は嘘をつく

② 母音＋**h** は、h は発音せず、母音を長く発音します。
 Uhr　時計 gehen　行く fühlen　感じる

③ **j**　［ユ］   Japan　日本 jeder　それぞれの

④ **s** ［ズ］（母音の前） Sand　砂 sollen　すべきである
   ［ス］（それ以外） das　それ Haus　家

⑤ **v** ［フ］   Vater　父 Vogel　鳥
   ［ヴ］（外来語） Villa　別荘 Klavier　ピアノ

⑥	**w** [ヴ]	Wein	ワイン	Wort	単語	
⑦	**z**, **tz**	zeigen	示す	sitzen	座っている	
	ts, **ds** } [ツ]	rechts	右に	abends	夕方に	のどの奥から息を一気に出す
⑧	**ch** は2通りの発音					
	（母音 a, o, u, au の後で）	[ハ]		[ホ]		[フ]
		Nacht	夜	hoch	高い	Buch	本
	（それ以外） [ヒ]	Kirche	教会	ich	私	Bücher	Buchの複数
⑨	**chs**, **x** [クス]	sechs	6	Praxis	実践	
⑩	**ig** （語末） [イヒ]	zwanzig	20	König	王	richtig	正しい
	ただし Könige [ケーニゲ] 王（複数）			richtiger	[リヒティガー]	richtigの変化形
⑪	**pf** [プフ]	Kopf	頭	Pfeife	パイプ	
⑫	**qu** [クヴ]	quer	斜めに	bequem	快適な	
⑬	**r** [ル] （舌あるいはのどひこを震わす音）					
		rund	丸い	rauchen	煙草を吸う	Morgen	朝
	（長母音の後、アクセントのない -er） [ア]			Bier	ビール	Mutter	母
⑭	**sch** [シュ]	schön	美しい	frisch	新鮮な	
⑮	{ **sp**（語頭） [シュプ]	spielen	遊ぶ	Sprache	言語	
	st（語頭） [シュト]	stehen	立っている	stark	強い	
⑯	{ **ss** [短母音の後] } [ス]	besser	よりよい	müssen	しなければならない	
	ß [それ以外]	Straße	道	heißen	～という名前である	
⑰	**th**, **dt** [トゥ]	Bibliothek	図書館	Stadt	町	
⑱	**tsch** [チュ]	Deutsch	ドイツ語	Kutsche	馬車	
⑲	**ph** [フ] （ギリシア語系外来語）	Philosophie	哲学	Physik	物理学	
⑳	**ti** [ツィ] （ラテン語系外来語）	Nation	国家	Operation	手術	

聞き取り練習

CD 3

① 母音は長短の区別が大事です。

offen — Ofen	füllen — fühlen	Mitte — Miete
空いている ストーブ	満たす 感じる	真ん中 家賃

舌を前歯の裏から離さない　舌を震わす音

CD 4

② l と r の違いに慣れよう。

leise — Reise	legen — Regen	lachen — Rachen
（声が）小さい 旅行	置く 雨	笑う のど

下唇を上前歯に軽く当てる

CD 5

③ f [フ], w [ヴ], b [ブ] の違いに注意しよう。

fein — Wein	bar — war	Bier — wir
細かい ワイン	現金で seinの過去形	ビール 私たち

数　詞

0	null	13	dreizehn	30	drei**ßig**
1	eins	14	vierzehn	40	vierzig
2	zwei	15	fünfzehn	50	fünfzig
3	drei	16	**sech**zehn	60	**sech**zig
4	vier	17	**sieb**zehn	70	**sieb**zig
5	fünf	18	achtzehn [アハツェーン]	80	achtzig [アハツィヒ]
6	sechs	19	neunzehn	90	neunzig
7	sieben	20	zwanzig	100	[ein]hundert
8	acht	21	**ein**undzwanzig	200	zweihundert
9	neun	22	zweiundzwanzig	1 000	[ein]tausend
10	zehn	23	dreiundzwanzig	10 000	zehntausend
11	elf	24	vierundzwanzig	100 000	hunderttausend
12	zwölf	25	fünfundzwanzig	1 000 000	eine Million

　　　378　dreihundert|achtundsiebzig
　 4 659　viertausend|sechshundert|neunundfünfzig
　23 456　dreiundzwanzigtausend|vierhundert|sechsundfünfzig
789 234　siebenhundert|neunundachtzigtausend|zweihundert|vierunddreißig

あいさつ表現

Hallo!	やぁ、もしもし。
Guten Morgen!	おはよう。
Guten Tag!	こんにちは。
Guten Abend!	こんばんは。
Gute Nacht!	おやすみ。
Auf Wiedersehen!	さようなら。
Tschüs[s]!	じゃあね。
Bis morgen!	また明日。
Wie geht es Ihnen/dir? — Danke, gut.	元気ですか。―はい、元気です。
Und Ihnen/dir? — Danke, auch gut.	であなたは/君は？―ありがとう、元気です。
Alles Gute!	どうぞお元気で。
Danke [schön]!　Vielen Dank!	ありがとう。
Bitte [schön]!　Bitte sehr!	どういたしまして。
Entschuldigung! Entschuldigen Sie bitte!	すみません。

1 Ich heiße Daisuke.
ぼくの名前はダイスケです。

DIALOG　自己紹介

- Guten Tag, mein Name ist Joachim. Und wie heißt du?
◇ Ich heiße Daisuke.
- Wie bitte? Noch einmal bitte!
◇ Daisuke. Daisuke ist mein Vorname und mein Familienname ist Noda.
- Freut mich, Daisuke. Kommst du aus Japan?
◇ Ja, ich komme aus Kumamoto.

Guten Tag　こんにちは →あいさつ表現（8ページ）
mein 英 my　私の ［所有冠詞→Lektion 6(2)］
Name 英 name　名前
ist 英 is　…である
und 英 and　そして
wie 英 how　どのように
heißen　…という名前である
Wie bitte?　→教室のドイツ語
Noch einmal bitte!　→教室のドイツ語
Vorname 英 first name　名
Familienname 英 family name　姓
Freut mich.　はじめまして
kommen 英 come　来る
aus 英 from　…から
ja 英 yes　はい

教室のドイツ語

Wie bitte?	何と言いましたか？
Bitte nicht so schnell!	そんなに速く話さないでください。
Ich verstehe nicht.	言っていることが分かりません。
Noch einmal bitte!	もう一度言ってください。
Wie schreibt man das?	それはどう書く（つづる）のですか？
Wie heißt das auf Deutsch?	それはドイツ語で何と言いますか？
Wie heißt ... auf Japanisch?	…は日本語で何と言いますか？

GRAMMATIK

1 主語によって動詞の語尾が変わります。

		不定詞 kommen	（語幹：komm-）	来る	（英 come）		
		単 数			複 数		
1人称		私は	ich komm**e**		私たちは	wir komm**en**	
2人称	（親称）	君は	du komm**st**		君たちは	ihr komm**t**	
	（敬称）	あなたは	Sie komm**en**		あなたたちは	Sie komm**en**	
3人称		彼は / 彼女は / それは	er / sie / es komm**t**		彼らは	sie komm**en**	

◆ 1) 動詞の基本形を「不定詞」と呼びます。不定詞は〈語幹＋語尾 -en/-n〉からなります。一方、主語の人称・数・時制などによって語形が定まった動詞を「定動詞（または定形）」と呼びます。
　2) 2人称の人称代名詞の使い分け：〈親称 du/ihr〉は「親しい間柄」（家族・親友・恋人・学生同士など）に用い、それ以外の対人関係には〈敬称 Sie〉（頭文字 s は常に大文字）を用います。

基礎練習 1 上の変化表にならって現在人称変化させましょう。

語幹を確認して ich lern**e**, du lern**st** …

1. lernen 学ぶ　2. trinken 飲む　3. studieren 専攻する　4. hören 聞く
5. finden 見つける（→巻末「文法補足」**1**）　6. heißen …という名前である（→巻末「文法補足」**1**）

2 定動詞の位置は2番目か、文頭です。

1）文頭から2番目：
　a. 平叙文： Ich **spiele** heute Tennis.　　　私は今日テニスをします。
　　　　　　 Heute **spiele** ich Tennis.　　　今日私はテニスをします。
　b. 疑問詞で始まる疑問文：
　　　　　　 Wann **lernst** du Deutsch?　　　いつ君はドイツ語を学ぶのか？
　　　　　　 Was **lernst** du heute?　　　　　何を君は今日学ぶのか？

2）文頭：ja（英 yes）、nein（英 no）で答える疑問文：
　　　　　　 Singst du?　　　　　　　　　君は歌いますか？
　　　　　　 — Ja, ich singe.　　　　　　　 はい、歌います。
　　　　　　 — Nein, ich singe nicht.　　　　いいえ、歌いません。[**nicht**: 英 not]

基礎練習2 例にならって二通りの文をつくりましょう。

1. Peter, <u>heute</u> Deutsch lernen →
   ① Peter **lernt** <u>heute</u> Deutsch.　ペーターは今日ドイツ語を学ぶ。
   ② <u>Heute</u> **lernt** Peter Deutsch.　動詞は文頭から２番目に
2. ich, <u>jetzt</u> lesen　　　　　　今本を読む
3. ihr, <u>immer</u> Bier trinken　　いつもビールを飲む
4. Maria, <u>gerade</u> telefonieren　ちょうど電話をしている
5. du, <u>jeden Tag</u> Klavier spielen　毎日ピアノを弾く

3　動詞 **sein**（〜である：英 *be*）は重要動詞です。

sein（〜である：英 *be*）			
ich	bin	wir	sind
du	bist	ihr	seid
Sie	sind	Sie	sind
er/sie/es	ist	sie	sind

Ich **bin** Student.　　私は大学生です。
Er **ist** krank.　　　彼は病気です。

基礎練習3　........ に人称代名詞を、＿＿ に動詞の人称変化形を入れましょう。

1. Woher **kommt** Anna?　— **Sie** kommt aus Frankfurt.
   アンナの出身地は？　　　　フランクフルトです。

2. Was studierst ....?　— Ich _____ Geschichte.

3. Wohin _____ Sie?　— .... fahre nach Hause.

4. Wo _____ ihr jetzt?　— Jetzt sind .... in Berlin.

   現在形は未来の出来事にも使えます

5. Wann _____ Martin und Maria Tennis?　— .... spielen morgen Tennis.

6. Wie alt _____ Kevin?　— .... ist jetzt 18（＝achtzehn）.

Geschichte　歴史（学）
fahren　（乗り物で）行く
nach Hause　家へ
jetzt　今
sind → sein
spielen　（球技を）する
morgen　明日
wie alt　英 *how old*
bin → sein

疑問詞

wer	だれ (*who*)	was	なに (*what*)	wo	どこ (*where*)
wohin	どこへ (*where...to*)	woher	どこから (*where...from*)	wann	いつ (*when*)
wie	どのように (*how*)	warum	なぜ (*why*)		

PARTNERÜBUNGEN

パートナー練習 1　下線部をあなたと友人の名前に変えて自己紹介の練習をしましょう。

- ● Guten Tag. Darf ich mich vorstellen?
  Ich heiße <u>Christian Hoffmann</u>.
- ◇ Guten Tag, <u>Herr Hoffmann</u>.　（名—姓の順）
  Ich komme aus Japan.
  Mein Name ist <u>Tanaka</u>.
- ● Wie bitte? Buchstabieren Sie bitte!
- ◇ T-A-N-A-K-A
- ● Vielen Dank, <u>Frau Tanaka</u>. Freut mich!

> Darf ich mich vorstellen?
> 自己紹介させてください。
> Herr ［＋名字］（米 *Mr.*）…さん
> Frau ［＋名字］（米 *Ms.*）…さん
> buchstabieren　つづりを言う
> ［命令形 → Lektion 4(2)］

パートナー練習 2　例にならって、次の人物を紹介しましょう。次に、あなた自身と友人についても互いに質問してください。

　　　　　　　　　　　　　　　　　　　　主語人称代名詞と定動詞に注意

例） 住まい　　Wo wohnt <u>Michaela</u>?　　　　— <u>Sie</u> wohnt in <u>Frankfurt</u>.
　　 出身地　　Woher kommt <u>sie</u>?　　　　　— <u>Sie</u> kommt aus <u>Mainz</u>.
　　 明日の予定　Was macht <u>sie</u> morgen?　　— <u>Sie</u> spielt Tennis.

Name	Michaela	Martin	Steffen und Maria	あなた自身	あなたの友人
Wo?	Frankfurt	Zürich	München		
Woher?	Mainz	Freiburg	Berlin		
Was?	Tennis spielen テニスをする	Englisch lernen 英語を学ぶ	Einkäufe machen 買い物をする		

2 Wo finde ich den Bahnhof?
駅はどこですか？

DIALOG　道を尋ねる

- Entschuldigen Sie bitte, wo finde ich den Bahnhof?
- ◇ Den Bahnhof? Der ist nicht weit. Gehen Sie hier geradeaus und dann links.
- Danke schön. Ach ja, und wo ist denn hier ein Supermarkt?
- ◇ Gleich hier rechts.
- Vielen Dank.

Entschuldigen Sie bitte　すみません〔→あいさつ表現、8ページ〕
finden 英 *find* 　…⁴を見つける、…⁴がある
r Bahnhof 英 *station*　駅
Der＝Der Bahnhof〔指示代名詞→巻末「文法補足」9〕
nicht 英 *not*　…ない
weit　遠い
gehen Sie　行って下さい〔命令形→ Lektion 4（2）〕
hier 英 *here*　ここに、ここを、この辺りで
geradeaus 英 *straight ahead*　まっすぐに
dann 英 *then*　それから
links 英 *left*　左に
ach ja　ああそうそう〔何かを思いついて〕
denn　いったい
r Supermarkt　スーパー
gleich　すぐ（そばに）
rechts 英 *right*　右に

辞書の見方

das **Fo·to¹ ［ふォート― fó:to］ 中 （単2） –s/ （複） 3（スイ：因 –/–s） 写真（＝ *Fotografie*）.（英 *photo*）. ein verwackeltes *Foto* ぶれた写真 / *Fotos*⁴ in ein Album ein|-kleben 写真をアルバムに貼（は）る / Ich mache ein *Foto*. 私は写真を撮ります.

→ 中性名詞であること、単数2格と複数形で **Fotos** となることを示します

本教科書における名詞の性の表示：
定冠詞 der, die, das のそれぞれの末尾の文字を記号として使います。

男性名詞	de**r**	*r*	例）	*r* Berg　山
女性名詞	di**e**	*e*	例）	*e* Schule　学校
中性名詞	da**s**	*s*	例）	*s* Foto　写真

GRAMMATIK

1 名詞は「男性名詞」「女性名詞」「中性名詞」に分類されます。名詞の性に応じて定冠詞（その: ⓔ the）、不定冠詞（ある一つの: ⓔ a）の形が変わります。

	定冠詞＋名詞	不定冠詞＋名詞	人称代名詞
男性名詞	**der** Vater 父 **der** Tisch 机	**ein** Vater **ein** Tisch	⇒ er で受ける
女性名詞	**die** Mutter 母 **die** Tasse カップ	**eine** Mutter **eine** Tasse	⇒ sie で受ける
中性名詞	**das** Kind 子供 **das** Foto 写真	**ein** Kind **ein** Foto	⇒ es で受ける

> ものやことを表わす名詞にも性があります

2 格は4種類。名詞の文中での役割を表します。

	男性名詞	女性名詞	中性名詞
1格…が	**der /ein** Vater	**die /eine** Mutter	**das /ein** Kind
2格…の	**des /eines** Vater**s**	**der /einer** Mutter	**des /eines** Kind**[e]s**
3格…に	**dem/einem** Vater	**der/einer** Mutter	**dem/einem** Kind
4格…を	**den /einen** Vater	**die /eine** Mutter	**das /ein** Kind

◆ 男性・中性名詞は、2格で -[e]s をつけます。

1格（主語・述語）	**Der Vater** singt. Er ist **Vater**.	父親が歌っている。 彼は父親です。
2格（所有者）	das Haus **des Vaters**	父親の家
3格（間接目的語）	Er dankt **dem Vater**.	彼は父親に感謝する。
4格（直接目的語）	Sie liebt **den Vater**.	彼女は父親を愛している。

> 2格名詞は修飾する名詞の後に

基礎練習 1 上の表にならって、次の単語に定冠詞・不定冠詞をつけて格変化させてください。

> das Handy, des Handys, …

1. *s* Handy　携帯電話
2. *r* Freund　男性の友人
3. *e* Freundin　女性の友人
4. *r* Teller　皿
5. *s* Fenster　窓
6. *e* Stadt　町

基礎練習2 例にならって下線部を埋めましょう。

　　　　　　不定冠詞　　　　　　定冠詞　　　　　　　人称代名詞

1. Das ist **eine** Stadt.　　**Die** Stadt heißt Köln.　　**Sie** ist sehr alt.（e Stadt）
   これはある町です。　　　その町の名はケルンです。　　それは大変古い。
2. Das ist _____ Land.　_____ Land heißt Deutschland.　_____ liegt in Europa.
3. Das ist _____ Fluss.　_____ Fluss heißt der Rhein.　_____ fließt durch Deutschland.

ヒント　2. s Land 国、liegen 位置する、3. r Fluss 川、der Rhein ライン川、fließen 流れる、durch …を通って

基礎練習3 _____ に冠詞の変化形を入れましょう。(d: 定冠詞、e: 不定冠詞)

「父のメガネ」の意味

1. Wo liegt ___**die**___ Brille d_____ Vaters?
2. Wir brauchen e_____ Schere und e_____ Lineal.
3. D_____ Lehrer schreibt d_____ Schülerin e_____ E-Mail.
4. D_____ Auto gehört d_____ Chef.

ヒント　2. brauchen …⁴を必要とする、e Schere ハサミ、s Lineal 定規、3. schreiben …³に…⁴を書く、e Schülerin 女子生徒、e E-Mail E メール、4. gehören …¹が…³の所有である、s Auto 自動車、r Chef 上司

3　動詞 haben と werden は重要動詞です。

haben（持っている：英 have）			werden（…になる）		
ich	habe	wir haben	ich	werde	wir werden
du	**hast**	ihr habt	du	**wirst**	ihr werdet
Sie	haben	Sie haben	Sie	werden	Sie werden
er/sie/es	**hat**	sie haben	er/sie/es	**wird**	sie werden

Ich **habe** Hunger.　私は空腹だ。　　Er **wird** Lehrer/reich.　彼は先生／金持ちになる。

基礎練習4 下線部に haben または werden の変化形を入れましょう。

1. Das Kind ___**wird**___ morgen ein Jahr alt.　子供は明日で1歳になる。
2. _____ du einen Bruder? — Nein, ich _____ eine Schwester.
3. Hoffentlich _____ du bald wieder gesund.

ヒント　2. r Bruder 兄弟、e Schwester 姉妹、3. gesund 健康な

PARTNERÜBUNGEN

パートナー練習　上の地図を見て、【　】内の建物の位置について隣の人に尋ねてみましょう。
隣の人はその道順を説明してあげてください。

> まっすぐ geradeaus、右に rechts、左に links、
> 右側に auf der rechten Seite、左側に auf der linken Seite

CD 13 パターン (1)

● Entschuldigen Sie bitte, wo finde ich den Bahnhof?　すみません、駅はどこですか？　　〔4格の定冠詞〕
◇ Gehen Sie hier geradeaus und dann links.　ここをまっすぐ行って左折です。
● Danke schön.　ありがとうございました。

【① r Bahnhof 駅　② e Universität 大学　③ r Park 公園　④ s Kino 映画館　⑤ e Post 郵便局】

CD 14 パターン (2)

● Entschuldigung, ich suche einen Supermarkt.　すみません、スーパーを探しています。　〔4格の不定冠詞〕
◇ Gehen Sie gleich hier rechts. Der Supermarkt ist auf der rechten Seite.
　すぐ先を右に行きます。スーパーは道の右側にあります。
● Vielen Dank.　ありがとうございました。

【⑥ r Supermarkt スーパー　⑦ e Bank 銀行　⑧ s Restaurant レストラン　⑨ s Café カフェ
⑩ r Parkplatz 駐車場】

3 Eine Ansichtskarte kostet zwei Euro.
絵葉書は2ユーロです。

DIALOG　買い物をする

● Entschuldigen Sie bitte,
　wo haben Sie denn Ansichtskarten?
◇ Ansichtskarten sind dort drüben.
● Danke. Was kosten denn die hier?
◇ Eine Ansichtskarte kostet zwei Euro.
● Gut, dann nehme ich drei Stück.
◇ Hier, bitte sehr. Das macht sechs Euro.

Entschuldigen Sie bitte　すみません［→あいさつ表現、8ページ］
e Ansichtskarte, -n　絵葉書
dort drüben　㊤ *over there*　あそこに
kosten　…⁴の値段である
die hier＝die Ansichtskarten hier　［指示代名詞→巻末「文法補足」9］
r Euro, -　ユーロ
nehmen　㊤ *take*　買う、もらう
s Stück, -　（個数）…個
bitte sehr　はい、どうぞ
machen　ある金額⁴になる

値段の尋ね方「…はいくらですか？」

Wie viel (Was) kostet		?	
	das		これ
	das da		それ
	das Brot		このパン
	der Anzug		この背広
	das Ticket		チケット
	die Fahrkarte		乗車券
	eine Übernachtung		一泊

GRAMMATIK

1 名詞の複数形は5種類。

	単 数		複 数
無語尾型	der Lehrer	先生	die Lehrer
	die Mutter	母	die M**ü**tter
-e 型	der Tag	日	die Tag**e**
	der Arzt	医者	die **Ä**rzt**e**
-er 型	das Buch	本	die B**ü**ch**er**
-(e)n 型	die Schwester	姉妹	die Schwester**n**
	die Frau	女性	die Frau**en**
-s 型	das Auto	自動車	die Auto**s**

（ウムラウト）

◆ 名詞の辞書標記例: Tag 男 -es/-e とある場合、この名詞は男性名詞で、単数2格が Tages、複数形が Tage となることを示します（→ Lektion 2「辞書の見方」）。
◆ 複数名詞（1格）は、人称代名詞 sie（彼ら・それら）で受けます。

基礎練習 1　次の複数名詞の単数形は何でしょうか。単数の定冠詞をつけて答えてください。

1. die Onkel　叔父　→ **der Onkel**　　2. die Wohnungen　住まい　　3. die Bilder　絵
4. die Babys　赤ん坊　　5. die Tische　机　　6. die Wochen　週

2 複数名詞3格で -n が付きます。

単数	1格	der Bruder 兄弟	die Schwester 姉妹	das Hotel ホテル
複数	1格	**die** Brüder	Schwestern	Hotels
	2格	**der** Brüder	Schwestern	Hotels
	3格	**den** Brüder**n**	Schwestern	Hotels
	4格	**die** Brüder	Schwestern	Hotels

複数3格の -n は、複数形自体が -n、-s で終わっている場合にはつきません。

3 単数形が複数形のように見える「男性弱変化名詞」。

	単　　数	複　　数
1格	der　Student	die　Student**en**
2格	des　Student**en**	der　Student**en**
3格	dem　Student**en**	den　Student**en**
4格	den　Student**en**	die　Student**en**

◆ その他の例：der Junge（少年）、der Mensch（人）、der Tourist（旅行者）、der Polizist（警察官）など。

基礎練習2　つぎの名詞を単数・複数にわたって定冠詞をつけて格変化させてください。

`der Sohn, des Sohnes, …; die Söhne, der Söhne …`

1. der Sohn, ⸚e　息子
2. die Tochter, ⸚　娘
3. das Fenster, −　窓
4. der Polizist, -en　警察官　　（男性弱変化名詞）
5. das Kind, -er　子供

4 数詞（1）

ここでは 0 〜 100 までの数詞を学びます。

基礎練習3　まずテキスト 8 ページの 0 〜 100 までの数を 2 回読みましょう。次に以下のドイツ語を算用数字に書き換えてください。

1. zweiunddreißig　**32**
2. fünfundvierzig　_____
3. siebenundachtzig　_____
4. sechsundzwanzig　_____
5. neunundachtzig　_____

基礎練習4　例にならって、＿＿に……の名詞の複数形を入れてください。

1. Ich habe einen Bruder.　Er hat zwei **Brüder**.
   私には 1 人の兄弟がいる。　彼には 2 人の兄弟がいる。
2. Ich kaufe einen Pullover.　Er kauft zwei _____.
3. Ich trinke nur eine Flasche Bier.　Er trinkt immer drei _____ Bier.
4. Hier sitzt ein Student.　Dort sitzen zehn _____.
5. ● Ich schenke Martin eine Krawatte.
   ◇ Aber er hat schon zwanzig _____.

ヒント　2. *r* Pullover, - セーター、3. *e* Flasche, -n ビン、4. *r* Student, -en 大学生、5. *e* Krawatte, -n ネクタイ

PARTNERÜBUNGEN

パートナー練習1 例にならって、下線部を下の表の人物に変えて話し合いましょう。次に、あなた自身と友人についても互いに質問しましょう。

> seine 彼の　　ihre 彼女の
> deine 君の　　meine 私の
> 〔所有冠詞 → Lektion 6(2)〕

例）
年齢　　　Wie alt ist Herr Braun? — Er ist 49 Jahre alt. （＝neunundvierzig）
電話番号　Wie ist seine Telefonnummer? — Seine Telefonnummer ist 0172-385-439.
　　　　　　　　　　　　　　　　　　　　　null-eins-sieben-zwei…
兄弟の数　Wie viele Geschwister hat Herr Braun? — Er hat drei Geschwister.

Name 名前	Herr Braun	Herr Kaufmann	Frau Seifert	あなた自身	あなたの友人
Alter 年齢	49	55	34		
Telefonnummer 電話番号	0172-385-439	089-343-568	030-519-284		
Geschwister 兄弟姉妹の人数	3	0	2		

兄弟がいない場合：Ich habe keine Geschwister〔否定冠詞 → Lektion 6(3)〕。
兄弟／姉妹が一人いる場合：Ich habe einen Bruder / eine Schwester.

パートナー練習2 キオスクで買い物をしてみましょう。色々な個数で試してください。

- ● Guten Tag, haben Sie Zigarren?　　こんにちは、葉巻ありますか？
- ◇ Ja, Zigarren sind gleich hier. Eine Zigarre kostet zwei Euro.
　葉巻はこちらにあります。　　　　葉巻1本は2ユーロです。
- ● Dann nehme ich drei Zigarren.　　では葉巻3本もらいます。
- ◇ Vielen Dank. Das macht sechs Euro.　ありがとうございます。6ユーロになります。

---

r Kaugummi, -s (1€),　r Bleistift, -e (1,10€),　e Zigarre, -n (2€),　s Bonbon, -s (0,20€)

ein Euro zehn　　　　　　　　　　　　　　　　zwanzig Cent

s Heft, -e (0,50€),　e Ansichtskarte, -n (2€),　r Stadtplan, ⸚e (8€),

〔100 Cent＝1 Euro〕

4 Was ist eigentlich dein Hobby?
君の趣味は何ですか？

DIALOG　趣味について

● Was ist eigentlich dein Hobby?
◇ Ich spiele gern Fußball. Und du?
　Was machst du denn in der Freizeit?
● Ich mache nicht so gern Sport.
　Ich lese lieber. Am liebsten lese ich Romane.
　Liest du auch gern?
◇ Nein, gar nicht. Aber ich sehe oft Filme und gehe manchmal ins Kino.
　Siehst du nicht auch gern Filme?
● Doch, das macht mir auch Spaß!

eigentlich	いったい
s Hobby, -s	趣味
gern	好んで
machen	…をする
e Freizeit	自由（暇）な時間
nicht so gern	そんなに好きではない
lieber	より好んで [→ Lektion 11(2)]
am liebsten	最も好んで [→ Lektion 11(2)]
Romane lesen	小説を読む
gar nicht	全然…ない
aber ⓔ *but*	しかし
Filme sehen	映画を観る
ins Kino gehen	映画を観に行く
manchmal	ときどき
doch	→「ja, nein, doch の使い方」
Spaß machen	…³ にとって楽しい

---

ja, nein, doch の使い方

Spielst du gern Tennis?　　　Ja, ich spiele gern Tennis.（はい）
テニスは好きですか？　　　　Nein, ich spiele nicht gern Tennis.（いいえ）

否定疑問文に対して肯定文で答えるときには **doch** を、否定文で答えるときは **nein** を使います。

Spielst du **nicht** gern Tennis?　　Doch, ich spiele gern Tennis.
テニスは好きではないのですか？　　いいえ、好きです。
　　　　　　　　　　　　　　　　Nein, ich spiele nicht gern Tennis.
　　　　　　　　　　　　　　　　はい、好きではありません。

GRAMMATIK

1 動詞には du と er で語幹母音が変わるものがあります。

	a — ä 型	e — i 型	e — ie 型	特殊なタイプ
不定詞	fahren（乗り物で）行く	sprechen 話す	sehen 見る	wissen 知っている
ich	fahre	spreche	sehe	weiß
du	**fährst**	**sprichst**	**siehst**	**weißt**
Sie	fahren	sprechen	sehen	wissen
er/sie/es	**fährt**	**spricht**	**sieht**	**weiß**
wir	fahren	sprechen	sehen	wissen
ihr	fahrt	sprecht	seht	wisst
Sie	fahren	sprechen	sehen	wissen
sie	fahren	sprechen	sehen	wissen

基礎練習1 例にならって、文の主語を単数形に変えて文を作りなおしましょう。

1. Die Touristen fahren nach Berlin.　［fahren 乗り物で行く　a — ä 型］
   その旅行者たちはベルリンに行く。→ **Der Tourist fährt** nach Berlin.
   　　　　　　　　　　　　　　　その旅行者はベルリンに行く。
2. Die Kinder schlafen schon.　［schlafen 眠る　a — ä 型］
3. Die Frauen lesen Bücher.　［lesen 読む　e — ie 型］
4. Die Mädchen essen gern Eis.　［essen 食べる　e — i 型］
5. Die Studenten tragen Koffer.　［tragen 運ぶ　a — ä 型］

2 命令形は3種類あります。

	基本タイプ	e-i/e-ie 型の動詞	特殊なタイプ
不定詞	kommen　来る	sprechen　話す	sein　…である
du に対する命令形	Komm(e)!	**Sprich!**	**Sei!**
ihr に対する命令形	Kommt!	**Sprecht!**	**Seid!**
Sie に対する命令形	Kommen Sie!	**Sprechen Sie!**	**Seien Sie!**

◆ du に対する命令形で、現在人称変化が e — i 型、e — ie 型の動詞では、その変化した母音を用います:
du sprichst → Sprich!

基礎練習2 例にならって、Sie に対する命令文を du と ihr に対する命令文に書き換えましょう。

1. Gehen Sie nach Hause! 帰宅しなさい。
   → ［du に対して］**Geh** nach Hause! ［ihr に対して］**Geht** nach Hause!　［主語が現われない］
2. Treiben Sie Sport!
3. Helfen Sie mir bitte! ［helfen 助ける　e — i 型］
4. Seien Sie bitte vorsichtig!

3　人称代名詞の3格（～に）と4格（～を）を覚えよう。

		1人称	2人称		3人称		
単数	1格…が	ich 私	du 君	Sie あなた	er 彼	sie 彼女	es それ
	3格…に	mir	dir	Ihnen	ihm	ihr	ihm
	4格…を	mich	dich	Sie	ihn	sie	es
複数	1格…が	wir 私たち	ihr 君たち	Sie あなたがた	sie 彼ら/それら		
	3格…に	uns	euch	Ihnen	ihnen		
	4格…を	uns	euch	Sie	sie		

◆ 再確認！：3人称の代名詞は、人（彼、彼女、彼ら）以外にも、er は男性名詞を、sie は女性名詞・複数名詞を、es は中性名詞を指します［→ Lektion 2(1), 3(1)］：
　Kaufst du den Tisch? — Ja, ich kaufe ihn（×es）. 君はこの机を買うの？—はい、それを買います。
　　　　　　　　　［男性名詞］

基礎練習3 例にならって、＿＿に……に対応する人称代名詞を入れましょう。

1. Kennst du den Mann? — Nein, ich kenne **ihn** nicht.
   君はその男性を知っている？　いいえ、彼は知りません。
2. Verstehst du mich? — Ja, ich verstehe ＿＿＿＿ gut.
   私の言うことが分かる？
3. Gefällt euch der Film nicht? — Doch, er gefällt ＿＿＿＿ sogar sehr gut.
   君たちにはこの映画が気に入らないの？　［男性名詞］
4. Der Motor läuft nicht. Wahrscheinlich ist ＿＿＿＿ kaputt.
   エンジンが動かない。
5. Schenkst du dem Kind eine Gitarre? — Ja, ich schenke ＿＿＿＿ ＿＿＿＿.
   子供にギターをプレゼントするの？　［女性名詞］
   ［3格目的語・4格目的語が、ともに代名詞の場合：4格＋3格の順］

PARTNERÜBUNGEN

spielen （球技を）する、 （楽器を）演奏する	lesen [e → ie] 読む	fahren [a → ä] （乗り物で）行く、乗る
Fußball　サッカー Tennis　テニス Golf　ゴルフ Klavier　ピアノ Gitarre　ギター	Romane　小説 Mangas　マンガ Zeitschriften　雑誌 Gedichte　詩 Märchen　おとぎ話	Auto　車 Motorrad　バイク Fahrrad　自転車 Ski　スキー Snowboard　スノーボード

sehen [e → ie] 見る、鑑賞する	hören 聴く	ins … gehen …に行く
Fußballspiele　サッカーの試合 Filme　映画 Fernsehserien　連続テレビドラマ	klassische Musik　クラシック音楽 Pop　ポップス Jazz　ジャズ Schlager　流行歌	Kino　映画館 Theater　劇場 Museum　博物館 Konzert　コンサート

CD 20　パートナー練習　例にならって、下線部に下の表のイラストが示す単語を入れて会話練習をしましょう。イラストが示す単語は、上の単語欄から選びます。

例）

● <u>Spielst</u> du gern <u>Basketball</u>?　バスケットボールをするのは好き？
◇ Nein, ich <u>spiele</u> nicht so gern <u>Basketball</u>. Ich <u>spiele</u> lieber <u>Baseball</u>.
　いいえ、あまり好きではありません。　　　　野球のほうが好きです。

5 Wo bekomme ich eine Fahrkarte?

切符はどこで買えますか？

DIALOG　乗り物に乗る

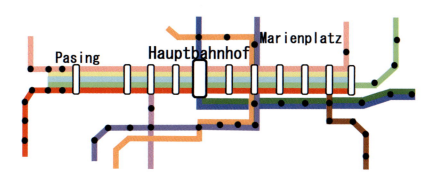

- Entschuldigen Sie, welche U-Bahn fährt zum Marienplatz?
- ◇ Die Linie 3.
- Und wo bekomme ich eine Fahrkarte für die U-Bahn?
- ◇ Da vorne, am Automaten oder am Kiosk. Ich glaube, die nächste U-Bahn fährt um 10:05 Uhr.
- Und wie spät ist es jetzt?
- ◇ Schon 10:02 Uhr. Beeilen Sie sich!
- Danke!

welche 㧒 *which*　どの
　〔定冠詞類 → Lektion 6(1)〕
e U-Bahn, -en　地下鉄
r Marienplatz　（ミュンヘン中心部にある）
　マリーエン広場
e Linie, -n 㧒 *line*　…番線、路線
bekommen　もらう、手に入れる、買える
e Fahrkarte, -n　乗車券
da vorne　前方のあそこに
r Automat, -en　自動販売機
r Kiosk, -e　キオスク
glauben　思う
nächst 㧒 *next*　次の
10:05 Uhr　zehn Uhr fünf
sich beeilen　急ぐ
　〔再帰動詞 → Lektion 8(3)〕

時刻の表現

今何時ですか？ Wie spät ist es jetzt? / Wie viel Uhr ist es jetzt?

今は夕方の5時です。　Jetzt ist es siebzehn Uhr. / Jetzt ist es fünf.
　　〔24時制→テレビ　交通機関等〕〔12時制→日常会話〕

17:10 Uhr	Es ist siebzehn Uhr zehn. / Es ist zehn nach fünf. 【○○時15分過ぎ】
17:15 Uhr	Es ist siebzehn Uhr fünfzehn. / Es ist **Viertel nach** fünf.
17:25 Uhr	Es ist siebzehn Uhr fünfundzwanzig. / Es ist fünf vor halb sechs.
17:30 Uhr	Es ist siebzehn Uhr dreißig. / Es ist **halb** sechs. 【6時に向かって半分】
17:45 Uhr	Es ist siebzehn Uhr fünfundvierzig. / Es ist **Viertel vor** sechs. 【○○時15分前】
17:55 Uhr	Es ist siebzehn Uhr fünfundfünfzig. / Es ist fünf vor sechs.

いつですか？　Wann?　　　何時にですか？　Um wie viel Uhr?
　　um siebzehn Uhr　17時に　　　**gegen** siebzehn Uhr　17時ごろに

GRAMMATIK

1 前置詞ごとに支配する格が決まっています。

① 2格支配の前置詞
[an]statt …の代わりに、trotz …にもかかわらず、während …の間に、wegen …の理由で、など。
　während des Krieges　戦争中に、**wegen** der Krankheit　病気のために。

② 3格支配の前置詞
aus …（の中）から、bei …のもとで・近くに、mit …で（手段）、…と共に、nach …の後で、…へ（地名）、seit …以来、von …から、…の（英 of）、zu …へ（人・施設・建物、英 to）、など。
　aus dem Zimmer　部屋から、**mit** dir　君と一緒に、**zu** den Eltern　両親のもとへ。

③ 4格支配の前置詞
durch …を通って、für …のために（英 for）、ohne …なしに、um …の回りに、…時に（時刻）、gegen …に逆らって、など。
　durch das Fenster　窓を通って、**für** den Frieden　平和のために、**um** zwei Uhr　2時に。

基礎練習1　【　】から適当な前置詞を選んで下線部に入れましょう。

【mit …で, wegen …の理由で, nach …へ, seit …以来, aus …から】

1. Wir lernen schon ___**seit**___ einem Jahr Deutsch.　一年前からドイツ語を学んでいる。
2. Kommst du _____ der Bahn?
3. Fahren Sie jetzt _____ München?
4. Woher kommst du denn? — Ich komme _____ Frankfurt.
5. _____ des Regens bleiben wir heute zu Hause.

ヒント　5. zu Hause 家に　英 at home

④ 3格・4格支配の前置詞

an （側面に）接して
auf …の上
über …の上方
hinter …の後ろ
vor …の前
in …の中
neben …の横
unter …の下
zwischen …の間

以上の9個の前置詞は、a)「静止状態」「動作の行なわれる場所」を表すときには「3格」を、b)「移動の方向」を表すときには「4格」を支配します。

a) **Wo** arbeiten Sie? ― Ich arbeite **in der Stadt**. ［3格］
   どこで働いているのですか？ 私は町で働いています。

b) **Wohin** fahren Sie? ― Ich fahre **in die Stadt**. ［4格］
   どこへ行くのですか？ 私は町に行きます。

2 定冠詞は指示性が弱いと前置詞と融合します。

am（＜an dem）: **am** Morgen 朝に、**im**（＜in dem）: **im** Sommer 夏に、**ins**（＜in das）: **ins** Zimmer 部屋の中へ、**vom**（＜von dem）: **vom** Bahnhof 駅から、**zum**（＜zu dem）: **zum** Geburtstag 誕生日に、**zur**（＜zu der）: **zur** Schule 学校へ、など。

基礎練習2 例にならって、下線部に3格あるいは4格の定冠詞を入れましょう。

1. Wo hängt das Bild? ― Es hängt an ___**der**___ Wand. ◀ ［e Wand 壁］
2. Wohin hängen wir das Bild? ― Wir hängen es an _____ Wand.
3. Wo liegt der Hund? ― Er liegt unter _____ Tisch. ◀ ［r Tisch 机］
4. Wohin läuft der Hund? ― Er läuft unter _____ Tisch. ［s Regal 本棚］
5. Wo stehen die Bücher? ― _____ Regal. （inと定冠詞の融合形）
6. Wohin stellen wir die Bücher? ― _____ Regal. （inと定冠詞の融合形）

ヒント 3格それとも4格か？
wo どこに？＋状態動詞（hängen 掛かっている, liegen 横になっている, stehen 立っている）
　　⇒前置詞＋3格
wohin どこへ？＋移動動詞（hängen 掛ける, laufen 走る, stellen 立てる）
　　⇒前置詞＋4格

3 「事物」を表す人称代名詞は前置詞と融合します。

「事物」を表す人称代名詞は前置詞と融合して da[r]-＋前置詞となります。 ◀ 前置詞が母音で始まるときrがつく
　例) mit dem Ball ボールで → (mit ihm) → **damit** それで
　（比較せよ: mit dem Vater 父と → mit ihm 彼と）

基礎練習3 下線部を〈da[r]-＋前置詞〉に書き換えましょう。

1. Ich bin <u>gegen Atomkraft.</u> → Ich bin **dagegen**.
   私は原子エネルギーに反対です。 私はそれに反対です。
2. Ich bin <u>mit deiner Arbeit</u> sehr zufrieden. ［「それに満足している」: da＋前置詞］
3. Wir reden jetzt <u>über die Reise</u>. ［「それについて語る」: dar＋前置詞］

PARTNERÜBUNGEN

パートナー練習 1　例にならって、パートナーと通学の交通手段と所要時間について話し合いましょう。

例）
- ● Womit kommst du zur Universität?　大学へは何で来るの？
- ◇ Ich komme <u>mit dem Motorroller</u>.　スクーターで。
- ● Wie lange brauchst du?　どれくらいかかるの？
- ◇ Ich brauche etwa <u>eine Viertelstunde</u>.　約 15 分。

交通手段

Womit?　何で？　mit＋3 格　…³ で

- r Motorroller, -
- s Motorrad, ⸚er
- s Fahrrad, ⸚er
- r Zug, ⸚e
- e U-Bahn, -en
- e Straßenbahn, -en
- s Auto, -s
- r Bus, Busse
- **zu** Fuß　歩いて（mit を使わない）

所要時間

Wie lange?　英 *How long?*　どのくらい？

○○ Minuten	○○分
eine Stunde	一時間
○○ Stunden	○○時間
eine Viertelstunde	15 分
eine halbe Stunde	30 分
eine Dreiviertelstunde	45 分
anderthalb Stunden	1 時間半
zweieinhalb Stunden	2 時間半

パートナー練習 2　例にならって、休暇はどこへ行くかについて話し合いましょう。

- ● Wohin fährst du in den Ferien?　休暇はどこへ行くの？
- ◇ Ich fahre <u>ans Meer</u>.　海へ行きます。

［国名、地名など］→ **nach**＋3 格：nach Deutschland, nach Frankreich, nach Berlin
［山、森など］→ **in**＋4 格：in die Berge 山へ, in die Alpen アルプスへ, in den Schwarzwald シュヴァルツヴァルト（ドイツ南西部）へ
［島］→ **auf**＋4 格：auf die Insel Helgoland ヘルゴラント島（北海）へ, auf Hawaii ハワイへ
［湖、川、海］→ **an**＋4 格：an den Strand / ans Meer 海へ, an den Chiemsee キームゼー（バイエルン）へ, an die Donau ドナウ川へ
［人］→ **zu**＋3 格：zu meinen Eltern 両親のところへ, zu meinem Freund 友人のところへ

6 Dazu habe ich keine Lust.
その気はありません。

DIALOG 否定・拒絶する

- ● Hallo Kevin, lange nicht gesehen! Wie geht es dir?
- ◇ Nicht so gut.
- ● Komm, gehen wir zusammen italienisch essen!
- ◇ Nein, dazu habe ich keine Lust. Ich mag keine Spaghetti und auch keine Pizza. Ich esse nie italienisch.
- ● Gehen wir dann einen Kaffee trinken?
- ◇ Nein, danke. Ich bin nicht durstig.
- ● Na gut, vielleicht ein andermal. Tschüs!

lange nicht gesehen 久しぶりですね
Wie geht es dir? →あいさつ表現 (8ページ)
zusammen 一緒に
italienisch essen イタリア料理を食べる
Lust zu ...³ haben ...³をする気がある
mag 好む (＜mögen 語法の助動詞→Lektion 7 (1))
nie 英 never 決して…ない
durstig 英 thirsty のどの渇いた
na gut まあ仕方ないね
vielleicht ひょっとすると
ein andermal また別の機会に

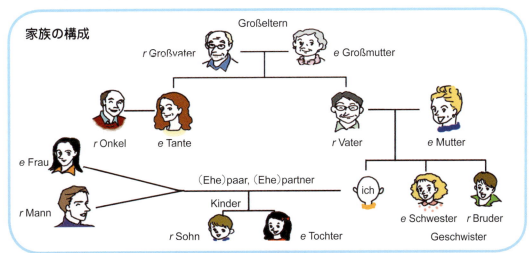

GRAMMATIK

1 定冠詞類：dieser（この）などは定冠詞 der に準じた変化をします。

dieser この (*this*)、aller すべての (*all*)、jener あの (*that*)、solcher そのような (*such*)、jeder いずれの…も (*every, each*)、mancher いくつかの (*some*)、welcher どの (*which*)

	男 性	女 性	中 性	複 数
1 格	dies**er**	dies**e**	dies**es**	dies**e**
2 格	dies**es**	dies**er**	dies**es**	dies**er**
3 格	dies**em**	dies**er**	dies**em**	dies**en**
4 格	dies**en**	dies**e**	dies**es**	dies**e**

基礎練習 1　次の名詞を単数・複数とも格変化してみましょう。

> dieses Buch, dieses Buches…; diese Bücher…

1. dieses Buch　この本
2. solche Probleme　そのような問題［複数のみ］
3. welcher Mantel　どのコート
4. jeder Student　どの大学生も［単数のみ］

2 不定冠詞類：mein（わたしの）などは不定冠詞 ein に準じた変化をします。

所有冠詞：mein 私の (*my*)、dein 君の (*your*)、sein 彼の (*his*) / それの (*its*)、ihr 彼女の (*her*) / 彼らの・それらの (*their*)、unser 私たちの (*our*)、euer 君たちの (*your*)、Ihr あなたの・あなたがたの (*your*)
否定冠詞：kein 一つも…ない (*no*)

> 複数形の語尾は、定冠詞類と同じです。

	男 性	女 性	中 性	複 数
1 格	mein	mein**e**	mein	mein**e**
	Ihr	Ihr**e**	Ihr	Ihr**e**
2 格	mein**es**	mein**er**	mein**es**	mein**er**
	Ihr**es**	Ihr**er**	Ihr**es**	Ihr**er**
3 格	mein**em**	mein**er**	mein**em**	mein**en**
	Ihr**em**	Ihr**er**	Ihr**em**	Ihr**en**
4 格	mein**en**	mein**e**	mein	mein**e**
	Ihr**en**	Ihr**e**	Ihr	Ihr**e**

基礎練習 2　次の名詞を単数・複数とも格変化してみましょう。

> seine Hose, seiner Hose…; seine Hosen…

1. seine Hose　彼のズボン
2. unser Kind　私たちの子供
3. kein Mensch　一人の人も…ない
4. dein Auto　君の自動車

基礎練習 3 下線部に語尾を補いましょう。

1. Ich mag dies**en** Wein.　　　このワインが好きです。
2. All_____ Anfang ist schwer.
3. Welch____ Jacke passt zu ihr ____ Rock?
4. Wer ist der Autor dies_____ Buches?
5. Wo verbringst du denn in dies_____ Sommer dein_____ Urlaub?

> 「この夏に」(3格)

ヒント　2. *r* Anfang 始め、[ことわざ] 何事も最初は難しい、3. *e* Jacke ジャケット、*r* Rock スカート、
4. *r* Autor 著者、*s* Buch 本、5. *r* Sommer 夏、*r* Urlaub 休暇、verbringen 過ごす

3 否定文には nicht の他に kein も使います。

① 定冠詞つきの名詞あるいは代名詞のみからなる文、および形容詞文の否定には nicht を用います。
　　Ich kenne den Mann/ihn. → Ich kenne den Mann/ihn **nicht**.
　　　　　　　　　　　　　　　　私はその男性 / 彼を知らない。
　　Er ist gesund. → Er ist **nicht** gesund.　　　彼は健康ではない。

② 不定冠詞 ein つきの名詞あるいは無冠詞の名詞を含む文の否定には kein を用います。
　　Ich habe ein Auto. → Ich habe **kein** Auto.　　私には車がない。
　　Ich habe Hunger. → Ich habe **keinen** Hunger.　私は空腹ではない。

基礎練習 4 否定文を作りましょう。

> nicht か kein に注意

1. Klaus hat einen Job.
2. Er hat Geld.
3. Sie ist erkältet.
4. Ich trinke Bier.

ヒント　2. *s* Geld お金、3. erkältet 風邪を引いている、4. *s* Bier ビール

4 数詞 (2)

テキスト 8 ページの「数詞」を見て、100 から 10 万の位までの数詞を学びましょう。

基礎練習 5 次の数字をドイツ語で書いてください。

123	[ein]hundertdreiundzwanzig
359	_____
7 816	_____
95 382	_____
290 745	_____

PARTNERÜBUNGEN

パートナー練習1　例にならって、パートナーの持ち物について質問しましょう。

例)

4格

● Hast du **einen** Kugelschreiber?

◇ Nein, ich habe **keinen** Kugelschreiber.　　◇ Ja, ich habe **einen** Kugelschreiber.
　　　　　　　　　　　　　　　　　　　　　● Wie viel kostet **dein** Kugelschreiber?

1格主語

◇ **Mein** Kugelschreiber kostet 300 Yen.

パートナー練習2　例にならって、パートナーを様々な活動に誘ってみましょう。イラストが示す単語は、Lektion 4【Partnerübungen, 24 ページ】の単語欄を参考にしてください。

例)

● Hallo, Taro! Lange nicht gesehen! Spielen wir morgen zusammen Fußball?
◇ Nein, danke. Ich habe dazu keine Lust. Ich spiele nie Fußball.
● Schade. Vielleicht ein andermal.

7 Darf ich dir etwas anbieten?
お飲み物はいかがですか？

DIALOG　訪問する

● Hallo Michael, darf ich hereinkommen?
◇ Hallo Anna! Natürlich, bitte sehr!
　Darf ich dir etwas anbieten?
　Möchtest du einen Kaffee?
● Danke, sehr gern!

(einige Zeit später)

● Michael, es tut mir leid, aber ich kann leider nicht länger bleiben. Ich muss morgen früh aufstehen.
◇ Schade. Musst du wirklich schon gehen?
● Ja, leider. Gute Nacht und bis bald!

---

herein|kommen 英 *come in* 入って来る
　〔分離動詞 → Lektion 8(1)〕
natürlich　もちろん
etwas　何か
an|bieten　…³に…⁴を差し出す〔分離動詞
　→ Lektion 8(1)〕
(einige Zeit später)　しばらくして
es tut mir leid　残念ですが
länger 英 *longer* より長い
　〔lang（長い）の比較級 → Lektion 11(2)〕
bleiben　とどまる
früh　（時刻が）早い
auf|stehen 英 *stand/get up* 起きる〔分離
　動詞 → Lektion 8(1)〕
schade　残念な
wirklich　本当に
schon　もう
leider　残念ながら
bis bald　またそのうち

話法の助動詞の用法　―よく使われるパターン

Soll ich …?　英 *Should I …?*　…しましょうか？
Darf ich …?　英 *May I …?*　…してもよろしいですか？
Wollen wir …?　…しませんか？
Hier kann man …　ここで…ができる。
Hier darf man nicht …　ここで…してはいけない。
　（💣 独 nicht dürfen　＝　英 *must not*）

GRAMMATIK

1 話法の助動詞は「可能・願望・許可・推量」などを表します。

	dürfen 〜しても よい	können 〜できる (*can*)	mögen 〜かも しれない	müssen 〜ねば ならない (*must*)	sollen 〜べきで ある (*should*)	wollen 〜するつも りである	möchte 〜したい
ich	**darf**	**kann**	**mag**	**muss**	**soll**	**will**	möchte
du	**darfst**	**kannst**	**magst**	**musst**	**sollst**	**willst**	möchtest
Sie	dürfen	können	mögen	müssen	sollen	wollen	möchten
er/sie/es	**darf**	**kann**	**mag**	**muss**	**soll**	**will**	möchte
wir	dürfen	können	mögen	müssen	sollen	wollen	möchten
ihr	dürft	könnt	mögt	müsst	sollt	wollt	möchtet
Sie	dürfen	können	mögen	müssen	sollen	wollen	möchten
sie	dürfen	können	mögen	müssen	sollen	wollen	möchten

話法の助動詞の定形＋不定詞（文末）で「枠構造」を作ります。

Er **kann** Deutsch **sprechen**.（㊇ *He can speak German.*）
　　└──── 枠構造 ────┘　　　彼はドイツ語が話せる。

① dürfen　してもよい：
　　Hier **darf** man parken.　　　　ここは駐車してもよい。
　　Hier **darf** man nicht rauchen.　ここは禁煙です。
② können　できる：
　　Sie **kann** gut schwimmen.　　　彼女は水泳がうまい。
③ mögen　（単独で）好きである；かもしれない：
　　Mögen Sie Fisch?　　　　　　　魚料理は好きですか？
　　Wo **mag** sie wohl sein?　　　　彼女はどこにいるのかしら？
④ müssen　しなければならない：
　　Ich **muss** sofort nach Hause gehen.　わたしはすぐ帰宅しなければならない。
　　Du **musst** mir nicht helfen.　　君は手伝うには及ばない。
⑤ sollen　べきである：
　　Du **sollst** die Wahrheit sagen.　君は真実を話すべきだ。
⑥ wollen　（意志・意向）したい、つもりである：
　　Ich **will** Medizin studieren.　　僕は医学を専攻したい。
⑦ möchte　（丁寧な願望）したい；（単独で）ほしい：
　　Ich **möchte** jetzt nach Hause gehen.　もう帰宅したいのですが。
　　Ich **möchte**（bitte）ein Eis.　　アイスクリームを１つ下さい。

基礎練習 1　例にならって文を書き換えましょう。

1. Er spricht Deutsch. [können] → Er **kann** Deutsch **sprechen**.
   彼はドイツ語を話す。　　　　　　　彼はドイツ語を話すことができる。
2. Ihr seid immer zusammen. [wollen]
3. Die Schüler machen jeden Tag ihre Hausaufgaben. [müssen]
4. Sie arbeitet am Sonntag nicht. [möchte]
5. Die Kinder gehen gleich zu Bett. [sollen]
6. Fotografiert man hier? [dürfen]

ヒント　3. ihre Hausaufgaben machen 宿題をする、6. fotografieren 写真を撮る

2　未来は「未来の助動詞 werden ＋不定詞」で表します。

werden の現在形＋不定詞（文末）で「枠構造」を作ります。

Er **wird** bald **kommen**.　彼はじきに来るだろう。
　　　└──枠構造──┘

不定詞 werden			
ich	werde	wir	werden
du	**wirst**	ihr	werdet
Sie	werden	Sie	werden
er/sie/es	**wird**	sie	werden

◆ werden には「…になる」の意味もあります [→ Lektion 2(3)]。

基礎練習 2　例にならって文を書き換えましょう。

1. Ich fahre nach Berlin. → Ich **werde** nach Berlin **fahren**.
   私はベルリンに行く。　　　私はベルリンに行くつもりだ。
2. Ich liebe dich immer und ewig.
3. Felix kommt vielleicht noch.
4. Das geht schon gut.
5. Wie lange dauert der Flug?

ヒント　2. immer und ewig 永遠に、4. Das geht gut うまくいく、5. wie lange? 英 *how long?*、dauern（時間が）かかる、r Flug 飛行

PARTNERÜBUNGEN

パートナー練習1 話法の助動詞を用いて、イラストの人物を紹介してみましょう。

例）

- ● Wer ist das? ◇ Das ist Sebastian.
- ● Was kann er gut? ◇ Er kann gut Auto fahren.
- ● Was möchte er machen? ◇ Er möchte ein Auto kaufen.
- ● Was wird er in den Sommerferien machen? ◇ Er wird eine Spazierfahrt machen.

名前	Sebastian	Julia	Jan und Katharina	Takahiro
得意なこと	Er fährt gut Auto. 運転が上手	Sie spielt Fußball. サッカーをする	Sie sprechen gut Japanisch. 日本語が上手	Er singt gern. 歌が上手
してみたいこと	Er kauft ein Auto. クルマを買う	Sie sieht ein Fußballspiel. サッカーの試合を観る	Sie kaufen ein neues Wörterbuch. 新しい辞書を買う	Er wird ein Pop-Star. ポップスターになる
夏休みの予定	Er macht eine Spazierfahrt. ドライブをする	Sie trainiert jeden Tag Fußball. 毎日サッカーの練習をする	Sie fliegen nach Japan. 日本へ行く	Er geht oft in eine Karaoke-Bar. カラオケにたびたび行く

パートナー練習2 例にならって、下線部を変えてパターン練習をしましょう。

例A）
- ● Ich möchte dich am Samstag zum Tee einladen. 土曜日にお茶にお招きしたい。
- ◇ Vielen Dank, aber leider kann ich nicht kommen. ありがとう、でもあいにく行けません。
- ● Schade. 残念です。

例B）
- ● Darf ich dich am Samstag zum Tee einladen? 土曜日にお茶にお招きしてもいいですか？
- ◇ Gerne. Um wie viel Uhr darf ich kommen? よろこんで、何時に行けばいいですか？
- ● Komm doch so um drei! 3時ごろに来てください。

適切な時刻を入れましょう

例）	am Samstag / zum Tee
1	morgen / zum Essen
2	am Wochenende / zu einer Party
3	heute Abend / zu einem Bier
4	am Sonntag / zum Kaffee

8 Ich fühle mich schlecht.
気分がすぐれません。

DIALOG　病気になったら

- So, was fehlt Ihnen denn? Sie sehen ja gar nicht gut aus.
- Ich fühle mich auch schlecht. Mein Hals tut mir weh und ich habe Fieber. Außerdem habe ich Husten und Kopfschmerzen.
- Zeigen Sie mir mal Ihre Zunge!
- Aaah!
- Danke. Ich glaube, Sie haben sich erkältet. Ich verschreibe Ihnen einige Medikamente. Gute Besserung!
- Vielen Dank.

fehlen　…³の体の調子が悪い
aus|sehen　…のように見える
gar nicht　全然…ない
sich⁴ fühlen　英 feel （自分が…であると）感じる
人³ weh|tun　…³にとって痛む
s Fieber　熱
außerdem　それに加えて
r Husten　咳
pl. Kopfschmerzen　頭痛
mal　ちょっと
zeigen　…³に…⁴を見せる
e Zunge　〔→顔と頭の格部位の名称〕
glauben　思う
sich⁴ erkälten　風邪をひく
verschreiben　処方する
einige　いくつかの
s Medikament, -e　薬
Gute Besserung!　お大事に！

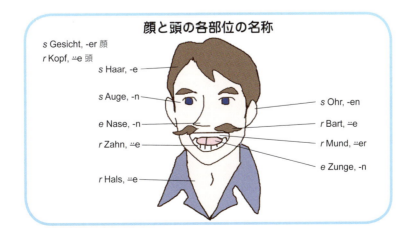

顔と頭の各部位の名称

s Gesicht, -er 顔
r Kopf, ⸚e 頭
s Haar, -e
s Auge, -n
e Nase, -n
r Zahn, ⸚e
r Hals, ⸚e
s Ohr, -en
r Bart, ⸚e
r Mund, ⸚er
e Zunge, -n

GRAMMATIK

1 分離動詞は二つの部分に分かれる動詞です。

例）： áuf|stehen（立ち上がる、起きる： 英 *stand up, get up*）。基礎動詞本体（定形）＋前綴り（文末）で「枠構造」を作ります。アクセントは、分離前綴りに置かれます。

① 平叙文： **Er steht** morgen um 8 Uhr **auf**. 彼は明日 8 時に起きる。
　　　　　　　　　　　　枠構造　　　　　　　　（英 *He will get up* at eight o'clock tomorrow morning.）
② 疑問文： **Steht** er morgen um 8 Uhr **auf**? 彼は明日 8 時に起きますか？
③ 命令文： **Steh** morgen um 8 Uhr **auf**! 明日 8 時に起きなさい。

◆ 前綴りが分離せず、一語となる場合：
1) 助動詞を伴う場合： Er muss morgen um 8 Uhr **aufstehen**. 彼は明日 8 時に起きねばならない。
2) 副文 [→ Lektion 9(3)] において： Ich weiß, dass er morgen um 8 Uhr **aufsteht**.
　　　　　　　　　　　　　　　　　私は、彼が明日 8 時に起きることを知っている。

基礎練習 1　例にならって、文を作りましょう。

1. er, morgen in Tokyo an|kommen　　　（到着する）
　　　　→ Er **kommt** morgen in Tokyo **an**.　彼は明日東京に到着する。
2. der Zug, bald ab|fahren　　　　　　　（発車する）
3. Anna, immer viel ein|kaufen　　　　　（買い物をする）
4. wo, das Konzert, statt|finden?　　　　（催される）
5. wir, in Hamburg um|steigen　　　　　（乗り換える）
6. ich, dir meine Frau vor|stellen dürfen? （紹介する）

2 非分離動詞は常に一語のままです。

例） besúchen（訪問する）。アクセントは、基礎動詞の語幹に置かれます。
① 平叙文： **Er besucht** sie morgen. 彼は彼女を明日訪問する。
② 疑問文： **Besucht** er sie morgen? 彼は彼女を明日訪問しますか？
③ 命令文： **Besuch** sie doch morgen! 明日彼女を訪問しなさい。

◆ 非分離前綴りには、be-, ge-, er-, ver-, zer-, emp-, ent- などがあります。

基礎練習2 例にならって、文を完成しましょう。

1. ich, heute einen Brief <u>bekommen</u>（もらう）
   → Ich **bekomme** heute einen Brief.　私は今日手紙をもらう。
2. der Student, den Text nicht <u>verstehen</u>（理解する）
3. die Oma, den Enkeln ein Märchen <u>erzählen</u>（物語る）
4. der Film, den Kindern nicht <u>gefallen</u>（…³の気に入る）

3 「再帰代名詞」sich（英 oneself）を伴う動詞を「再帰動詞」と呼びます。

	ich	du	Sie	er/sie/es	wir	ihr	Sie	sie
3格	mir	dir	**sich**	**sich**	uns	euch	**sich**	**sich**
4格	mich	dich	**sich**	**sich**	uns	euch	**sich**	**sich**

◆ 1・2人称の再帰代名詞は、人称代名詞と同じです。

　　　　人称代名詞　　　　　再帰代名詞
　　Er setzt ihn.　　　**Er setzt sich.**
　　彼は（別の）彼を座らせる。　彼は座る（＜彼自身を座らせる）。

再帰動詞には3格の再帰代名詞と4格の再帰代名詞をとるものがあります。

sich⁴ freuen　喜ぶ		sich³ erlauben　あえてする	
ich freue mich	wir freuen uns	ich erlaube mir	wir erlauben uns
du freust dich	ihr freut euch	du erlaubst dir	ihr erlaubt euch
Sie freuen sich	Sie freuen sich	Sie erlauben sich	Sie erlauben sich
er/sie/es freut sich	sie freuen sich	er/sie/es erlaubt sich	sie erlauben sich

◆ sich には「互いに・を」の用法もあります: sich⁴ lieben 愛し合う。

基礎練習3 上の表にならって、現在人称変化させましょう。

　　　　　　　　　　ich setze mich
1. sich⁴ setzen　　2. sich⁴ schämen　　3. sich³ die Zähne putzen
　　座る　　　　　　　　恥じる　　　　　　　歯をみがく

基礎練習4 下線部に3格あるいは4格の再帰代名詞を入れましょう。

1. Du musst ___**dich**___ beeilen.　　　　　　　　（sich⁴ beeilen　急ぐ）
2. Ich wasche _____ die Haare.　　　　　　　（sich³ die Haare waschen　髪を洗う）
3. Die Kinder freuen _____ schon auf Weihnachten.　（sich⁴ freuen　楽しみに待つ）
4. Wir unterhalten _____ gern.　　　　　　　（sich⁴ unterhalten　語り合う）

PARTNERÜBUNGEN

パートナー練習1 例にならって、再帰動詞を用いて互いに質問しましょう。下線部には下の語彙欄から適当な単語を選んで入れてください。

例)
- ● Worüber freust du dich? ◇ Ich freue mich über das Geschenk. 贈り物
- ● Worauf freust du dich? ◇ Ich freue mich auf die Sommerferien. 夏休み
- ● Wofür interessierst du dich? ◇ Ich interessiere mich für Volleyball. バレーボール

…⁴のことを喜ぶ　　sich⁴ freuen + über
…⁴を楽しみにする　sich⁴ freuen + auf　　＋4格
…⁴に興味を持つ　　sich⁴ interessieren + für

> r Blumenstrauß 花束、r Sieg 勝利、r Besuch 訪問、Weihnachten［無冠詞］クリスマス、e Party パーティー、s Wochenende 週末、Musik［無冠詞］音楽、Geschichte［無冠詞］歴史（学）、fremde Kulturen［無冠詞］異文化

◆ worüber 何について (< über was), worauf 何に対して (< auf was), wofür 何について (< für was) (→巻末「文法補足」3)

パートナー練習2 例にならって、帰宅後の行動をお互いに質問しましょう。時刻は「時刻の表現」の「12時制」(→25ページ「時刻の表現」)を使います。

例)
- ● Wann kommst du nach Hause zurück? 帰宅はいつ?
- ◇ Ich komme um Viertel nach sieben nach Hause zurück. Zuerst dusche ich mich. Dann…
  帰宅は7時15分です。　　　　まずシャワーを浴びて、それから…。

> zuerst 最初に、dann その次に、danach その後で、zuletzt 最後に

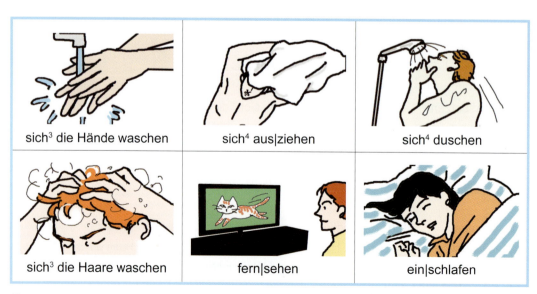

sich³ die Hände waschen　　sich⁴ aus|ziehen　　sich⁴ duschen

sich³ die Haare waschen　　fern|sehen　　ein|schlafen

9 Ich war schon einmal in Amerika.
私は一度アメリカに行ったことがあります。

DIALOG　過去を語る

- ● Warst du schon einmal im Ausland?
- ◇ Nein, leider noch nie, da meine Eltern früher sehr streng waren. Ich durfte nicht ohne sie verreisen. Und du?
- ● Ich war schon einmal in Amerika.
- ◇ Wie lange?
- ● Zwei Wochen, in New York.
- ◇ Toll, da hattest du sicher viel Spaß!
- ● Ja, das war eine tolle Erfahrung, weil ich viele neue Leute kennenlernen konnte.

schon einmal　すでに一度
s Ausland　外国
noch nie　今まで…ない
pl. Eltern　両親
früher　以前、昔
streng　厳しい
verreisen　旅行に出る
toll　すばらしい、すごい
sicher　きっと
Spaß haben　楽しむ
e Erfahrung, -en　経験
neu 英 new　新しい
pl. Leute　人々
kennen|lernen　知り合う

期間の言い方

Wie lange?　英 How long?　どのくらい？

r Tag, -e	例	drei Tage　3日間
e Woche, -n	例	zwei Wochen　2週間
r Monat, -e	例	sechs Monate　6ヶ月間
s Jahr, -e	例	ein Jahr　1年間

Wie lange lernst du jeden Tag Deutsch?
　君は毎日どれくらいドイツ語を勉強しますか？
— Etwa eine Stunde.［＝4格］　約1時間。
Wie lange möchtest du in Deutschland studieren?
　君はどれくらいドイツに留学したいですか？
— Zwei Jahre.［＝4格］　2年間。

GRAMMATIK

1 動詞の不定詞、過去基本形、過去分詞を三基本形と呼びます。

	不定詞	過去基本形	過去分詞
規則変化動詞	**—en** lernen　学ぶ	**—te** lernte	**ge—t** gelernt
不規則変化動詞Ⅰ	**—en** geben　与える trinken　飲む	**—*—** gab trank	**ge—(*)en** gegeben getrunken
不規則変化動詞Ⅱ	**—en** bringen　持ってくる	**—*—te** brachte	**ge—*t** gebracht
重要動詞	**sein**　ある **haben**　持っている **werden**　なる	**war** **hatte** **wurde**	**gewesen** **gehabt** **geworden**
分離動詞	an|ziehen　着る	zog…an	angezogen
【過去分詞で前綴り ge- のつかない動詞のタイプ】			
非分離動詞 （→ Lektion 8 (2)） -ieren で終わる動詞	bekommen　もらう studieren　（大学で）学ぶ	bekam studierte	bekommen studiert

◆　*は幹母音が変化することを示す。→巻末「主な不規則動詞変化表」

基礎練習1　次の動詞の三基本形を調べましょう。
1. kaufen　買う → **kaufen-kaufte-gekauft**　2. verkaufen　売る　3. ein\|kaufen　買い物をする
4. kommen　来る　5. entkommen　逃れる　6. mit\|kommen　同行する

2 過去人称変化は ich と er で同形です。

		規則動詞	不規則動詞			
不定詞 過去基本形		lernen **lernte**	gehen **ging**	sein **war**	haben **hatte**	werden **wurde**
ich	—	lernte	ging	war	hatte	wurde
du	—st	lerntest	gingst	warst	hattest	wurdest
Sie	—(e)n	lernten	gingen	waren	hatten	wurden
er/sie/es	—	lernte	ging	war	hatte	wurde
wir	—(e)n	lernten	gingen	waren	hatten	wurden
ihr	—t	lerntet	gingt	wart	hattet	wurdet
Sie	—(e)n	lernten	gingen	waren	hatten	wurden
sie	—(e)n	lernten	gingen	waren	hatten	wurden

基礎練習2　例にならって、下線部に過去形を入れてください。

1. Gestern __kochte__ Hans chinesisch, heute kocht er italienisch.
   昨日ハンスは中華料理を作ったが、今日はイタリア料理を作る。
2. Früher _____ sie in Frankreich, jetzt wohnen sie in Deutschland.
3. Gestern _____ du krank, heute bist du wieder gesund.
4. Letzte Woche _____ ich viel Geld, diese Woche habe ich kein Geld mehr.

ヒント　2. früher 以前、jetzt 今、3. gestern 昨日、heute 今日、4. letzte Woche 先週、diese Woche 今週

3　従属接続詞に導かれる文（副文）の定動詞は文末に置かれます。

> ① 名詞節を導く：dass …ということ（英 that）、ob …かどうか（英 if, whether）。
> ② 時間・条件：wenn もし…ならば、…するとき（英 if, when）、als …した時、während …のあいだ、bis …するまで、seit/seitdem …以来、bevor/ehe …する前、nachdem …した後。
> ③ 理由：weil/da …なので。④ 目的：damit …のために。⑤ 結果：so dass その結果…。
> ⑥ 譲歩：obwohl …にもかかわらず。

Ich weiß, **dass** er krank **ist**.　私は彼が病気であることを知っている。
Wir machen einen Spaziergang, **wenn** das Wetter schön **ist**.　天気がよければ、散歩をします。

◆　副文に先行された主文の定動詞は、副文の直後に置きます：Wenn das Wetter schön ist, machen wir einen Spaziergang.
◆　「間接疑問文」も副文の一つなので、定動詞は文末に置きます：Ich weiß nicht, wo er jetzt wohnt. 私は彼が今どこに住んでいるか知らない。

基礎練習3　例にならって、[　]の接続詞で文をつなぎましょう。

1. Wir müssen lernen. Wir spielen Fußball.　　　　［obwohl …にもかかわらず］
   → **Obwohl** wir lernen müssen, spielen wir Fußball.
   私たちは勉強しなければならないにもかかわらず、サッカーをします。
2. Du musst im Bett liegen. Du hast Fieber.　　　　［weil …なので］
3. Ich traf ihn. Ich war in Heildelberg.　　　　　　［als …したとき］
4. Die Kinder freuen sich. Sie fahren bald in die Alpen.　［dass …ということを］

ヒント　2. im Bett liegen ベットに寝ている、3. traf＜treffen 出会う、4. sich⁴ freuen + dass …を楽しみに待つ、die Alpen アルプス山脈

PARTNERÜBUNGEN

CD 37 　パートナー練習1　例にならって、過去形を使って、小学校時代の思い出についてお互いに質問しましょう。聞き取った内容は下の表に記入してください。

例）　A：Was wolltest du werden?　　何になりたいと思ったの？
　　　B：Ich wollte Lokomotivführer werden.　機関車の運転士です。

	あなた自身	パートナー
Was wolltest du werden? なりたかったものは？		
Was durftest du nicht tun? してはいけなかったことは？		
Was musstest du tun? しなければいけなかったことは？		
Um wie viel Uhr musstest du ins Bett gehen? 就寝時間は？		

CD 38 　パートナー練習2　例にならって、下線部を埋めて文を完成させ、パートナーと報告し合いましょう。定動詞の位置に注意してください。

1. **Ich spiele Fußball**, obwohl es heute regnet.　今日は雨にもかかわらず、サッカーをします。
2. Wenn ich traurig bin, _____.　さびしい時には…………。
3. Ich bin sicher, dass _____.　…………を確信している。
4. _____, weil ich keine Zeit habe.　時間がないので…………。
5. _____, bevor ich schlafen gehe.　床に就く前に…………。
6. _____, wenn der Unterricht zu Ende ist.　授業が終わったら…………。

表現例：

Freunde an|rufen 友人に電話する、sich⁴ zurück|ziehen 引きこもる、die Prüfung bestehen 試験に合格する、den Zug noch erreichen まだ電車に間に合う、nicht so viel lernen können そんなにたくさん勉強できない、heute nicht mit|kommen 今日は一緒に行かない、etwas lesen 何か読み物をする、ein Glas Bier trinken グラス一杯のビールを飲む、eine Zigarette rauchen タバコを一本吸う、joggen gehen ジョギングに行く

10 Ich bin nach Japan geflogen.
日本に行ってきました。

DIALOG　最近の出来事について

● Was hast du denn eigentlich in den Sommerferien gemacht?
◇ Ich bin nach Japan geflogen. Zuerst war ich in Tokyo, dann in Kyoto und danach in Osaka.
● Was hast du denn da alles gemacht?
◇ Ich habe z.B. das Nationalmuseum in Tokyo besichtigt und in Kyoto den „Goldenen Pavillon" angesehen. Außerdem habe ich auch das Schloss in Osaka besucht.
● Und wie war das Wetter?
◇ Erst war es sonnig, aber später hat es manchmal geregnet.

pl. Sommerferien　夏休み
geflogen < fliegen（英 *fly* 飛行機で行く）の過去分詞
zuerst　まず、最初に
dann 英 *then*　それから
danach　その後で
alles　いったい
z.B. = zum Beispiel（例えば）の略
s Nationalmuseum, -museen　国立博物館
besichtigt < besichtigen（見学する）の過去分詞
r „Goldener Pavillon"　金閣（寺）
angesehen < an|sehen（見物する）の過去分詞
s Schloss, ⸚er　城
besucht < besuchen（見物に行く）の過去分詞
s Wetter 英 *weather*　天気
erst 英 *at first*　最初に
später 英 *later*　後で
geregnet < regnen（英 *rain* 雨が降る）の過去分詞

	Wie ist das Wetter?	Wie war das Wetter?
☀	Es ist sonnig.	Es war sonnig.
🌧	Es regnet.	Es hat geregnet.
❄	Es schneit.	Es hat geschneit.
🌡	Es ist heiß/warm/kalt.	Es war heiß/warm/kalt.
⛈	Es blitzt und donnert.	Es hat geblitzt und gedonnert.

GRAMMATIK

1 現在完了形は〈haben/sein の現在人称変化＋過去分詞〉で作ります。

haben/sein の現在形＋過去分詞（文末）で「枠構造」をなします。

　　　　　┌─枠構造─┐
Er **hat** die Vase **zerbrochen**.　彼は花瓶を割った。
Er **ist** Diplomat **geworden**.　彼は外交官になった。

大部分の動詞は〈haben＋過去分詞〉で、次のような自動詞は〈sein＋過去分詞〉で完了形を作ります。

> ① 場所の移動を表す自動詞：gehen 行く、kommen 来る、fahren（乗り物で）行く、fallen 落ちる、など。
> ② 状態の変化を表す自動詞：werden …になる、sterben 死ぬ、auf|stehen 立ち上がる、ein|schlafen 寝入る、passieren 起こる、など。
> ③ その他の自動詞：sein いる、bleiben とどまる、begegnen 出会う。

◆ 過去の事柄については、日常会話では過去形よりも現在完了形が多く用いられます。但し、sein、haben、話法の助動詞では過去形が好んで使われます：

　Ich war letzes Jahr in Deutschland.　　　昨年ドイツに行きました。
　Da hatte ich kein Geld.　　　　　　　　　その時私には金がなかった。
　Leider musste ich sofort nach Hause gehen.　残念ながらすぐ帰宅せねばならなかった。

基礎練習 1　[　]の動詞を過去分詞に変えて下線部に入れましょう。

1. Haben Sie gut ___**geschlafen**___ ?　　　　　[schlafen 眠る]　よく眠れましたか？
2. Früher habe ich in dieser Stadt _____ .　[wohnen 住む]
3. Sein Vater ist vor drei Jahren _____ .　　[sterben 死ぬ]
4. Hast du schon das Geschirr _____ ?　　[ab|waschen 洗う：分離動詞！]

基礎練習 2　haben あるいは sein を適当な形に変えて下線部に入れましょう。

1. Wo ___**haben**___ Sie Philosophie studiert?　あなたはどこで哲学を学びましたか？
2. Was _____ du denn am Wochenende gemacht?
3. _____ Sie schon einmal in Deutschland gewesen? [gewesen＜sein]
4. Gestern _____ hier ein Autounfall passiert. [passiert＜passieren 起こる]

2　「天候」「時刻」などは es を主語にして表現します。

① 気候：**Es** regnet.（英 *It rains.*）　雨が降っている。　　**Es** ist heute kalt.　今日は寒い。
② 時刻：Wie spät ist **es** jetzt? — **Es** ist neun Uhr.
　　　　　今何時ですか？　　　　　　9時です。（→ Lektion 5「時刻の表現」）
③ 感覚や気分：Wie geht **es** Ihnen? — Danke, mir geht **es** sehr gut.
　　　　　　　お元気ですか？　　　　　　　はい、大変元気です。
④ 熟語的表現：**es** gibt＋4格（英 *there is/are*）　…⁴がある・いる：
　　　　　　　Im Zoo gibt **es** viele Tiere.　動物園にはたくさんの動物がいる。

基礎練習 3　es の用法に注意して訳しましょう。

1. Das Kind ist krank. Es hat Fieber.
2. Wann kommt der Zug an? — Ich weiß es nicht.
3. Morgen wird es schneien.
4. Gibt es Leben auf dem Mars?

ヒント　2. kommt...an＞an|kommen、4. auf dem Mars 火星に

3　zu 不定詞（英 *to* 不定詞）は、名詞・形容詞・副詞的な働きをします。

① 名詞的用法：zu 不定詞が主語や目的語となります：
　　Latein **zu lernen** ist schwierig. / Es ist schwierig, Latein **zu lernen**.
　　ラテン語を学ぶのは難しい。（英 *It is hard to learn Latin.*）
　　Ich hoffe, die Prüfung **zu bestehen**.　試験に受かるといいのだが。
② 形容詞的用法：zu 不定詞が名詞や形容詞を修飾します：
　　Ich habe keine Lust, ins Kino **zu gehen**.　私は映画に行く気がない。
③ 副詞的用法（前置詞と結んで）：**um…zu** 不定詞（英 *in order to*）　…するために、など：
　　Er fuhr nach Berlin, **um** Medizin **zu studieren**.
　　彼は医学を勉強するためにベルリンに行った。

基礎練習 4　例にならって文を作りましょう。

1. schwierig, eine gute Note bekommen → Es ist schwierig, eine gute Note zu bekommen.
　　　　　　　　　　　　　　　　　　　　　　　　いい点数を取るのは難しい。
2. wichtig, beim Deutschlernen viel sprechen
3. unmöglich, morgen schon ab|reisen ［→ ab**zu**reisen 旅立つ］
4. interessant, ein Haiku ins Deutsche übersetzen

ヒント　2. wichtig 重要な、3. unmöglich 不可能な、4. ins Deutsche übersetzen ドイツ語へ翻訳する

PARTNERÜBUNGEN

CD 41 パートナー練習1　例にならって、スマホの使い方についてパートナーと対話しましょう。

例)
- ● Wozu benutzt du dein Smartphone?　スマホを何に使っているの？
- ◇ Ich benutze es, **um** im Internet **zu surfen**.　ネットサーフィンに使っています。

> 例) im Internet surfen
> 1. Musik hören　音楽を聴く
> 2. fern|sehen　テレビを見る
> 3. fotografieren　写真を撮る
> 4. meine Arbeiten schreiben　レポートを書く
> 5. Spiele spielen　ゲームをする
> 6. telefonieren　電話をする

CD 42 パートナー練習2　例にならって、週末の出来事についてパートナーに質問してもらい、それに現在完了形の文で答えましょう。助動詞（haben か sein か）及び過去分詞の形に気をつけましょう。

例)
- ● Was <u>hat</u> Max am Wochenende <u>gemacht</u>?　マックスは週末に何をしたの？
- ◇ Am Samstag <u>ist</u> er <u>auf eine Party gegangen</u>.　Und am Sonntag <u>hat</u> er <u>lange geschlafen</u>.　土曜日に彼はパーティーに行き、日曜日はゆっくり寝ていました。

Name	Max	Christine	Gisela und Markus	Günther	あなた自身	あなたの友人
Samstag 土曜日	auf eine Party gehen パーティーに行く	ihre Hausaufgaben machen 宿題をする	ein|kaufen 買い物をする	mit Freunden essen gehen 友人と食事に行く		
Sonntag 日曜日	lange schlafen ゆっくり寝る	nach Berlin fahren ベルリンに行く	nichts Besonderes machen 特に何もしない	fern|sehen テレビを見る		

11 Tolle Party, nicht wahr?
すてきなパーティーでしょ？

DIALOG　人物を描写する

- ● Tolle Party, nicht wahr? Sag mal, kennst du den jungen Mann dort drüben?
- ◇ Wen meinst du?
- ● Den attraktiven Mann in der schwarzen Jeans und mit dem gelben Hemd.
- ◇ Du meinst den Mann mit den langen braunen Haaren? Das ist Martin.
  Er ist sehr sportlich und viel netter als die anderen.
- ● Ich möchte ihn gerne kennenlernen. Aber ich glaube, er ist zu alt für mich.
- ◇ Nein, er ist kaum älter als du. Geh doch mal hinüber!

e Party, -s 英 party　パーティー
nicht wahr　…でしょう？
sag mal　あのね、君…？
kennen 英 know　知っている
jung 英 young　若い
meinen 英 mean　…のことを指して言っている
attraktiv　魅力的な
e Jeans, - 英 jeans　ジーパン
s Hemd, -en　シャツ
lang 英 long　長い
die anderen 英 the others　他の人たち
sportlich　スポーツマンらしい
nett　親切な、感じのいい
kennen|lernen　知り合う
zu 英 too　あまりにも…すぎる
kaum　ほとんど…ない
als 英 than　…よりも
doch mal　ぜひ一度
hinüber　あちらへ

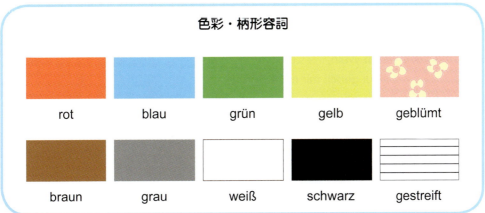

色彩・柄形容詞

rot　blau　grün　gelb　geblümt
braun　grau　weiß　schwarz　gestreift

GRAMMATIK

1 形容詞の語尾は名詞の前で変化します。

a) 述語的（変化なし）： Er ist **fleißig**. 彼はまじめだ。
b) 副詞的（変化なし）： Er lernt **fleißig**. 彼はまじめに学ぶ。
c) 付加語的（変化あり）： Er ist ein **fleißiger** Student. 彼はまじめな学生だ。

① 定冠詞類＋形容詞＋名詞

	男　性	女　性	中　性	複　数
1格	der gut**e** Mann	die gut**e** Frau	das gut**e** Kind	die gut**en** Kinder
2格	des gut**en** Mann(e)s	der gut**en** Frau	des gut**en** Kind(e)s	der gut**en** Kinder
3格	dem gut**en** Mann	der gut**en** Frau	dem gut**en** Kind	den gut**en** Kindern
4格	den gut**en** Mann	die gut**e** Frau	das gut**e** Kind	die gut**en** Kinder

② 不定冠詞類＋形容詞＋名詞

	男　性	女　性	中　性	複　数
1格	ein gut**er** Mann	eine gut**e** Frau	ein gut**es** Kind	meine gut**en** Kinder
2格	eines gut**en** Mann(e)s	einer gut**en** Frau	eines gut**en** Kind(e)s	meiner gut**en** Kinder
3格	einem gut**en** Mann	einer gut**en** Frau	einem gut**en** Kind	meinen gut**en** Kindern
4格	einen gut**en** Mann	eine gut**e** Frau	ein gut**es** Kind	meine gut**en** Kinder

③ 形容詞＋名詞

	男　性	女　性	中　性	複　数
1格	gut**er** Mann	gut**e** Frau	gut**es** Kind	gut**e** Kinder
2格	gut**en** Mann(e)s	gut**er** Frau	gut**en** Kind(e)s	gut**er** Kinder
3格	gut**em** Mann	gut**er** Frau	gut**em** Kind	gut**en** Kindern
4格	gut**en** Mann	gut**e** Frau	gut**es** Kind	gut**e** Kinder

基礎練習 1 下線部に［　］内の形容詞を格変化させ入れましょう。

1. Sie mag <u>deutsch**en**</u> Wein. 彼女はドイツワインが好きです。［deutsch］
2. Der _____ Hut gefällt mir nicht. ［grün］
3. Gibt es in der Nähe ein _____ Restaurant? ［preiswert］
4. Ein _____ Geist in einem _____ Körper. ［gesund］
5. Das ist der Titel dieses _____ Buches. ［interessant］

ヒント 3. es gibt 4格 …⁴がある、4. 有名なことわざ、5.「このおもしろい本のタイトル」の意味

2 比較級は原級に -er を、最高級は -[e]st/am -[e]sten をつけて作ります。

	原級 —		比較級 ⸚er		最高級 ⸚[e]st/am ⸚[e]sten
規 則 的	klein alt	小さい 古い/年とった	kleiner älter		kleinst/am kleinsten ältest/am ältesten
部分的に 不 規 則	groß hoch	大きい 高い	größer höher	ウムラウト	größt/am größten höchst/am höchsten
全体的に 不 規 則	gut viel gern（副詞）	良い 多い 好んで	besser mehr lieber		best/am besten meist/am meisten am liebsten

① 原級： Er ist **so groß wie** ich.　彼は私と同じぐらい背が高い。
　　　　　Er ist nicht **so groß wie** ich.　彼は私ほど背が高くない。

② 比較級： Er ist 5 Jahre **älter als** ich.　彼は私より５才年上だ。

③ 最高級： Er ist der **fleißigste** Schüler in der Klasse.
　　　　　　彼はクラスで一番勤勉な生徒だ。
　　　　　Er ist **der Fleißigste** ‹ **am fleißigsten** › in der Klasse.
　　　　　　彼はクラスで一番勤勉だ。
　　　　　［副詞的用法］Sie singt **am schönsten**.　彼女が一番上手に歌う。

基礎練習2 下線部に［　］内の形容詞を適当な形に変えて入れましょう。

1. a) das ___große___ Zimmer, b) das _____ Zimmer, c) das _____ Zimmer.
　　［groß 大きい → a）原級、b）比較級、c）最高級］

2. Peter läuft schnell, Daniel läuft noch d)_____, aber ich kann e)_____ laufen.　［schnell 速く → d）比較級、e）最高級］

3. Heute ist es viel _____ als gestern.［warm］

4. Der Koch ist der _____ Arzt.［gut の比較級］［ことわざ］

5. Der _____ Berg auf der Welt ist der Mount Everest mit 8848 Metern.
　　［hoch］　　　　　　　　（＝achttausend|achthundert|achtundvierzig）

PARTNERÜBUNGEN

パートナー練習１　例にならって、買い物のやり取りを練習します。下線部を入れ替えて繰り返し練習しましょう。色彩と柄の形容詞は 49 ページを見てください。

例)

- ● Guten Tag, ich suche <u>ein T-Shirt</u>.　　Ｔシャツを欲しいのですが。
- ◇ Wie gefällt Ihnen denn <u>dieses rote T-Shirt</u>?　この赤いＴシャツはいかがですか？
- ● <u>Das</u> gefällt mir nicht so gut.　　それはあまり気に入りません。
  Ich nehme lieber <u>dieses blaue T-Shirt</u> hier.　それよりこちらの青いＴシャツにします。

| s T-Shirt | r Rock | pl. Schuhe | e Jacke | s Kleid |

パートナー練習２　例にならって、下記の人物の年齢（Alter）、身長（Größe）及び兄弟（Geschwister）の数について隣同士で質問しましょう。形容詞 **alt - jung, groß - klein, viel - wenig** の原級・比較級・最高級を使います。

例)

- ● Wer ist <u>am ältesten</u>?　　誰が最年長ですか？
- ◇ Alexander ist <u>am ältesten</u>.　　アレクサンダーが最年長です。
- ● Wer ist <u>älter</u>, Christine oder Thomas?　どちらが年上ですか？
- ◇ Christine ist <u>älter</u> als Thomas.　クリスティーネがトーマスより年上です。
- ● Wer ist älter, Christine oder Paula?　クリスティーネとパウラはどちらが年上ですか？
- ◇ Christine ist genauso <u>alt</u> wie Paula.　クリスティーネとパウラは全く同い年です。

Thomas	Christine	Alexander	Paula
Alter: 16	Alter: 18	Alter: 23	Alter: 18
Größe: 170 cm	Größe: 170 cm	Größe: 180 cm	Größe: 185 cm
Geschwister: 3	Geschwister: 2	Geschwister: 0	Geschwister: 1

12 Zuerst werden die Kartoffeln gekocht.
まずジャガイモをゆでます。

DIALOG　レシピを説明する

● Wie wird denn eigentlich ein deutscher Kartoffelsalat zubereitet?
◇ Also, zuerst werden die Kartoffeln gekocht und geschält.
● Und dann?
◇ Anschließend werden die Kartoffeln dann geschnitten, ebenso einige Zwiebeln und Gewürzgurken.
● Ist das alles?
◇ Nein, es werden noch Salz, Pfeffer, Kräuter und Öl dazugegeben.
Zum Schluss muss noch alles vermischt werden.
● Danke, das werde ich einmal ausprobieren!

r Kartoffelsalat, -e　ポテトサラダ
zubereitet < zu|bereiten（調理する）の過去分詞
gekocht < kochen（ゆでる、煮る）の過去分詞
geschält < schälen（皮をむく）の過去分詞
anschließend　その後で
geschnitten < schneiden（切る）の過去分詞
ebenso　同じように
dazugegeben < dazu|geben（付け加える）の過去分詞
zum Schluss　最後に
noch　さらに
vermischt < vermischen（混ぜる）の過去分詞
aus|probieren　試してみる

Zutaten für einen Kartoffelsalat　ポテトサラダの材料
e Gewürzgurke, -n
s Salz
pl. Kräuter
s Öl
r Pfeffer
e Zwiebel, -n
e Kartoffel, -n

GRAMMATIK

1 受動態は「werden＋過去分詞」で作ります。

werden の定形＋過去分詞（文末）で「枠構造」を作ります。

　　　　　　　　　　　　　　　　　　　　　┌─── 枠構造 ───┐
　　Der Lehrer lobt den Jungen. → Der Junge **wird** ［von dem Lehrer］ **gelobt**.
　　先生は少年をほめる。　　　　　　　　その少年は［先生に］ほめられる。

受動態の時制は次の通りです。
　　現　　在　　　Der Junge **wird** … **gelobt**.
　　過　　去　　　Der Junge **wurde** … **gelobt**.
　　現在完了　　　Der Junge **ist** … **gelobt worden**.

◆　話法の助動詞の受動態：
［現在］　Der Patient muss **operiert werden**.　その患者は手術しなければならない。
［過去］　Der Patient musste **operiert werden**.　その患者は手術しなければならなかった。

基礎練習 1　例にならって、受動文に換えてください。

1. Viele Studenten lesen das Buch. → Das Buch **wird** von vielen Studenten **gelesen**.
　多くの学生がこの本を読む。　　　　この本は多くの学生に読まれる。
2. Ihr Chef feuert die Sekretärin.
3. Ein Auto überfuhr die Katze.
4. Ein Kind hat die Vase zerbrochen.
5. Jeder darf diesen Computer benutzen.［→ ◆話法の助動詞の受動態］

ヒント　2. feuern 首にする、3. überfuhr＜überfahren 轢く、4. zerbrochen＜zerbrechen 割る

2 状態受動は「sein＋過去分詞」で作ります。

sein の定形＋過去分詞（文末）で「枠構造」を形成します。

　　　┌─ 枠構造 ─┐
　　Die Tür **ist** jetzt **geöffnet**.　←　Die Tür ist geöffnet worden.
　　そのドアは今開けられてある［＝状態受動］。　そのドアは開けられた［＝動作の受動］。

基礎練習2 例にならって状態受動の文を作りましょう。

1. <u>Machen</u> Sie bitte das Fenster <u>zu</u>! （zu|machen 閉める → zugemacht）
   窓を閉めてください。
   → Aber das Fenster **ist** schon **zugemacht**. でも窓はすでに閉められています。
2. Räumen Sie bitte das Zimmer auf! （auf|räumen 片付ける → aufgeräumt）
3. Streichen Sie bitte die Bank! （streichen 塗る → gestrichen）
4. Ändern Sie bitte den Plan! （ändern 変える → geändert）

3 関係代名詞は代名詞と接続詞の働きを合わせもちます。

	男性	女性	中性	複数
1格	der	die	das	die
2格	**dessen**	**deren**	**dessen**	**deren**
3格	dem	der	dem	**denen**
4格	den	die	das	die

関係代名詞は、上の表の太字部分を除き、定冠詞と同形です。関係代名詞の性と数は先行詞に一致させ、格は関係文中の役割によって決まります。関係文は「副文」なので定動詞は文末に置き、主文と関係文の間はコンマで仕切ります。

Der Mann, { **der** bei der Bank <u>arbeitet</u>, / **dessen** Haare blond <u>sind</u>, / **dem** wir gedankt <u>haben</u>, / **den** wir eingeladen <u>haben</u>, / auf **den** wir <u>warten</u>, } ist unser Nachbar.

銀行で働いている／髪がブロンドの／私たちが感謝した／私たちが招待した／私たちが待っている　その男性は私たちの隣人です。

基礎練習3 下線部に適当な関係代名詞を入れましょう。

1. Er ist ein neuer Kollege, ____**der**____ aus Italien kommt.
   彼はイタリア出身の新しい同僚です。
2. Ist das das Restaurant, _____ Sie mir empfehlen?
3. Das ist das Dorf, in _____ wir früher wohnten.
4. Der Mann, _____ Krawatte sehr auffällig ist, lehrt an einer Universität.
5. Das ist der langweiligste Job, _____ ich je bekommen habe.

ヒント　2. empfehlen 勧める、4. auffällig はでな、5. langweiligste＜langweilig 退屈な、je これまでに

PARTNERÜBUNGEN

パートナー練習1 例にならって、イラストに描かれている動作（a）を「werden 受動」で、その結果としての状態（b）を「状態受動」で説明してください。

例）（a）Die Zwiebel <u>wird geschält</u>. タマネギが剥かれる。
　　（b）Die Zwiebel <u>ist geschält</u>. タマネギは剥かれている。

	例	1	2	3	4
(a)					
(b)					
	die Zwiebel schälen タマネギを剥く	die Tür öffnen ドアを開ける	eine E-Mail schreiben メールを書く	den Tisch decken 食卓の用意をする	das Auto waschen クルマを洗う

パートナー練習2 例にならって、関係文を用いてドイツの名所や祭りについて問うクイズを作り、その答えをパートナーに当ててもらいましょう。

例）das bekannte Schloss ＋ es wurde von König Ludwig II.（＝dem Zweiten）erbaut

● <u>Wie heißt</u> das bekannte Schloss, **das** von König Ludwig II. erbaut wurde?
　ルートヴィヒ2世によって造られた有名な城は？

◇ <u>Das ist</u> das Schloss Neuschwanstein.
　ノイシュヴァンシュタイン城です。

定動詞は文末に

1. die große Kirche ＋ ihre Türme sind 157 Meter hoch
2. das berühmte Bierfest ＋ es wird jedes Jahr von über sechs Millionen Menschen besucht
3. das Tor in Berlin ＋ es ist ein Symbol für die Wiedervereinigung Deutschlands

［Das Brandenburger Tor］

［Der Kölner Dom］

［Das Oktoberfest］

13 Ach, wäre ich doch Millionär!
ああ、百万長者だったらなあ！

DIALOG　仮定の話をする

● Hast du schon gehört? Peter hat ein Stipendium für ein Studium in Japan bekommen!

◇ Toll! Ich würde auch gern in Japan studieren.
Dann könnte ich jeden Tag viel Japanisch lernen und japanisch essen.

● Du hättest fleißiger lernen sollen! Dann hättest du alle Prüfungen bestanden und auch ein Stipendium bekommen.

◇ Du hast ja Recht. Ach, wäre ich doch Millionär!
Dann würde ich auch ohne Stipendium nach Japan fliegen.

---

s Stipendium, -ien　奨学金
s Studium, -ien　⊛ study　大学での勉強・研究
bekommen < bekommen（もらう）の過去分詞
studieren　⊛ study　大学で勉強する
s Japanisch　日本語
japanisch essen　和食を食べる
fleißig　勤勉に、熱心に
Du hättest fleißiger lernen sollen.　君はもっと一生懸命勉強すべきであったのに。
e Prüfung, -en　試験
bestanden < bestehen（合格する）の過去分詞
Recht haben　（言っていることが）正しい
ja　確かに
doch　接続法2式とともに「願望」を表す
r Millionär, -e　百万長者

接続法第2式の丁寧な表現―よく使われるパターン

Würden/Könnten Sie …?
…して頂けませんか？

Würden/Könnten Sie das noch einmal sagen?
もう一度おっしゃってくださいませんか？

Hätten Sie …?　…がありますか？

Hätten Sie vielleicht morgen Abend Zeit?
明日の晩お時間ございませんか？

Ich hätte …　…があるのですが。

Ich hätte eine Bitte.
お願いがあるのですが。

Ich hätte gern …　…をください。

Ich hätte gern eine Cola.
コーラをください。

Dürfte ich …?
…してもよろしいでしょうか？

Dürfte ich Sie bitten, mir zu helfen?
手を貸していただけますか？

Könnte ich …?
…してもよろしいでしょうか？

Könnte ich mitkommen?
一緒に行ってもいいですか？

GRAMMATIK

1 接続法第 2 式は「非現実話法」に用います。

接続法第 2 式は過去基本形から作ります。規則動詞は過去形と同形です。不規則動詞は過去基本形に下表の語尾をつけて作ります。ただし、過去基本形が -e で終わっている場合はさらに -e はつけません（例： hatte → hätte）。また、語幹母音が a → ä、o → ö、u → ü とウムラウトします。

	規則動詞		不規則動詞			
不定詞	lernen		kommen	haben	werden	sein
過去基本形	lernte		kam	hatte	wurde	war
ich	lernte	**-e**	käme	hätte	würde	wäre
du	lerntest	**-est**	kämest	hättest	würdest	wär[e]st
Sie	lernten	**-en**	kämen	hätten	würden	wären
er/sie/es	lernte	**-e**	käme	hätte	würde	wäre
wir	lernten	**-en**	kämen	hätten	würden	wären
ihr	lerntet	**-et**	kämet	hättet	würdet	wär[e]t
Sie	lernten	**-en**	kämen	hätten	würden	wären
sie	lernten	**-en**	kämen	hätten	würden	wären

［現在］　Wenn ich mehr Geld hätte, { **kaufte** ich ein Auto.
　　　　　　　　　　　　　　　　　　würde ich ein Auto kaufen. }
　　　　　もっとお金があれば、車を買うのに。

　　◆　日常会話では würde による言い換えがよく用いられます。

［過去］　Wenn ich mehr Geld **gehabt hätte**, **hätte** ich ein Auto **gekauft**.
　　　　　もっとお金があったならば、車を買ったのに。

基礎練習　例にならって文を作りましょう。

1. ［ich, nicht so müde sein］＋［ich, Tennis spielen］→
    ［現在］　Wenn ich nicht so müde **wäre**, **würde** ich Tennis spielen.
    　　　　　もしそんなに疲れていなければ、私はテニスをするのだが。
    ［過去］　Wenn ich nicht so müde **gewesen wäre**, **hätte** ich Tennis **gespielt**.
    　　　　　もしそんなに疲れていなかったならば、私はテニスをしたのだが。
2. ［das Wetter, schön sein 天気が良い］＋［wir, einen Ausflug machen ハイキングをする］
3. ［du, sich beeilen 急ぐ］＋［du, noch den Zug erreichen 列車に間に合う］
4. ［ich, Zeit haben ひまがある］＋［ich, auch ins Kino gehen 映画に行く］

PARTNERÜBUNGEN

パートナー練習1 例にならって、接続法第2式（非現実話法）を用いて、パートナーと仮定の話をしましょう。

例) Du bist ein berühmter Popstar. 君は有名なポップスターだ。
● Was würdest du machen, wenn du ein berühmter Popstar <u>wärst</u>?
もし君が有名なポップスターなら、何をするだろうか？
◇ Wenn ich ein berühmter Popstar <u>wäre</u>, würde ich viele Mädchen kennenlernen.
もしも僕が有名なポップスターなら、たくさんの女の子と知り合えるでしょう。

1. Du hast ein ganzes Jahr Ferien.　　　一年間休みがもらえる。
2. Du bist Millionär.　　　　　　　　　百万長者である。
3. Du triffst deinen Traummann / deine Traumfrau.　理想の男性／女性と出会う。
4. Du kannst perfekt Deutsch sprechen.　完璧にドイツ語が話せる。

> 表現例：
> eine Weltreise machen 世界一周旅行をする、die gesammelten Werke Thomas Manns lesen トーマス・マン全集を読む、einen Porsche kaufen ポルシェを買う、allen meinen Freunden etwas schenken すべての友人に何かをプレゼントする、人⁴ zum Essen einladen …⁴を食事に誘う、ihn / sie sofort heiraten 彼／彼女とすぐ結婚する、in Deutschland arbeiten ドイツで仕事をする、Dolmetscher werden 通訳者になる

パートナー練習2 a)からg)は、食卓で手が届かないところにある塩（s Salz）を取ってもらう時に使われる依頼の表現です。これらの文を丁寧さの順に並べてください。その後で、パートナーと比較して、自分が考えた順位とその（文法上の）理由について互いに説明してみましょう。

a) Können Sie mir bitte einmal das Salz geben?
b) Könnten Sie mir das Salz geben?
c) Salz!
d) Geben Sie mir bitte einmal das Salz?
e) Könnten Sie mir bitte einmal das Salz reichen?
f) Geben Sie mir das Salz!
g) Könnten Sie mir bitte einmal das Salz geben?

順位 | | | | | | |

文 法 補 足

1 動詞の現在人称変化の例外

1) 語幹が -d、-t で終わる動詞は、du -est、er -et、ihr -et となります：
   arbeiten 働く → du arbeit**est**, er arbeit**et**, ihr arbeit**et**
2) 語幹が -s、-ß/ss、-tz、-z で終わる動詞は、du -t となります：
   reisen 旅行する → du reis**t**, benutzen 使う → du benutz**t**

2 疑問代名詞 **wer**（誰が）と **was**（何が・を）

1格	…が	wer	(英：*who*)	was	(*what*)
2格	…の	wessen	(*whose*)	—	
3格	…に	wem	(*whom*)	—	
4格	…を	wen	(*whom*)	was	(*what*)

3 前置詞と疑問代名詞 **was** との融合形

前置詞＋was は融合して〈wo[r]-＋前置詞〉となります。

mit was → womit 何でもって。 （比較せよ：mit wem 誰と）
für was → wofür 何のために、何に対して。（比較せよ：für wen 誰のために）

4 形容詞の名詞化

　形容詞の頭文字を大文字にして名詞にすることができます。その場合の格変化は、男性、女性、複数形は、形容詞が名詞の Mann（男性）、Frau（女性）、Leute（人々）を修飾しているときと同じ変化で、形容詞の示す性質の「人」を表します。また、中性は、形容詞が名詞の Ding（もの、単数）を修飾しているときと同じ変化で、「物・こと」を表します。

	単　数		複　数	
	その/一人の病人（男性）	その/一人の病人（女性）	その病人たち	病人たち
1格	der/ein　　Kranke	die/eine　Kranke	die Kranken	Kranke
2格	des/eines　Kranken	der/einer Kranken	der Kranken	Kranker
3格	dem/einem Kranken	der/einer Kranken	den Kranken	Kranken
4格	den/einen　Kranken	die/eine　Kranke	die Kranken	Kranke

	中性（単数のみ）			
	その美しいもの・こと	[何か] 美しいもの・こと		
1格	das Schöne	[etwas] Schönes		
2格	des Schönen	—		
3格	dem Schönen	[etwas] Schönem		
4格	das Schöne	[etwas] Schönes		

5 序数

「…番目の」を表す数詞を序数といいます。19. までは基数に -t を、20. 以上は -st をつけて作ります。名詞に附加されるときは形容詞と同じ変化をします。

1. erst	6. sechst	11. elft
2. zweit	7. sieb[en]t	19. neunzehnt
3. dritt	8. acht	20. zwanzigst
4. viert	9. neunt	24. vierundzwanzigst
5. fünft	10. zehnt	100. hundertst ［フンダーツト］

例） mein zwei**es** Kind　私の二番目の子供

6 不定関係代名詞 wer と was

① wer は「…するところの人」を表します。先行詞はとらず、疑問代名詞 wer（誰）と同じ変化をします。（→ **2**）。

　　Wer zuerst kommt, mahlt zuerst.
　　［ことわざ］早い者勝ち。（＜最初にきた者が最初に粉を引く）

② was は「…するところのもの・こと」を表し、変化は疑問代名詞 was（何）と同じ変化をします（→ **2**）。

　1） 先行詞をとらない場合：

　　Was ich nicht weiß, macht mich nicht heiß.
　　［ことわざ］知らぬが仏。（＜私の知らないことは私をカッカさせない）

　2） alles/etwas/nichts や「中性名詞化した形容詞」を先行詞とする場合：

　　Das ist alles / das Schönste, **was** ich weiß.
　　これが私の知っているすべて / 最も美しいものです。

7 自動詞の受動態

ドイツ語では自動詞を受動態にすることができます。能動文に 4 格目的語がない場合、つまり ①「4 格以外の目的語をとる場合」、②「目的語のない場合」では、受動文の主語になるものがないので es を「仮主語」にした受動文を作ります。なお、es は文頭以外では省略されます。

① 4 格以外の目的語の場合：
　　Er hilft mir.
　　→ Es **wird** mir **geholfen**. / Mir **wird geholfen**.　私は手伝ってもらう。

② 目的語のない場合：
　　Man tanzt heute Abend.
　　→ Es **wird** heute Abend **getanzt**. / Heute Abend **wird getanzt**.　今晩ダンスがある。

8　接続法第 1 式

接続法第 1 式は、「間接話法」に用いられ、不定詞の語幹に下表の語尾をつけて作ります。

不定詞		lernen	kommen	haben	werden	sein
ich	-e	lerne	komme	habe	werde	sei
du	-est	lernest	kommest	habest	werdest	sei[e]st
Sie	-en	lernen	kommen	haben	werden	seien
er/sie/es	-e	lerne	komme	habe	werde	sei
wir	-en	lernen	kommen	haben	werden	seien
ihr	-et	lernet	kommet	habet	werdet	seiet
Sie	-en	lernen	kommen	haben	werden	seien
sie	-en	lernen	kommen	haben	werden	seien

Er sagt: „Ich bin krank." 彼は言う：「僕は病気だ」 → Er sagt, er **sei** krank. 彼は病気だと言う。
Er fragte sie: „Wo wohnst du?" → Er fragte sie, wo sie **wohne**.
彼は彼女に尋ねた：「どこに住んでいるの？」　　彼は彼女にどこに住んでいるかと尋ねた。
Er fragte mich: „Weißt du das nicht?" → Er fragte mich, ob ich das nicht **wisse**.
彼は私に尋ねた：「そのことを知らないの？」　　彼は私にそのことを知らないかどうかと尋ねた。

9　指示代名詞

① 附加語的に用いられる場合は定冠詞と同じです（→ Lektion 2(2)）。
　　dás Buch da　そこにあるその本
② 独立的に用いられる場合は関係代名詞と同じです（→ Lektion 12(3)）。
　　Kennst du den Mann dort? — Ja, **dén** kenne ich.（比較せよ： Ja, ich kenne ihn.）。
　　君はあそこの男性を知っているか？　ええ、彼なら知っているよ。

　◆　指示代名詞には強勢が置かれ、文頭に来ることが多い。

10　現在分詞

〈不定詞＋-d〉で作り、「…している」の意味で形容詞と同じ働きをします。名詞に附加されると形容詞と同じ変化をします。（→ Lektion 11(1)）。
lachen 笑う → lachend 笑っている
［形容詞用法］　ein **lachendes** Mädchen　　　笑っている少女
　　　　　　　（比較せよ： ein hübsches Mädchen　かわいい少女）
［副詞的用法］　Das Mädchen saß **lachend** da.　少女は笑いながらそこに座っていた。

11　西　暦

① 1100 年～1999 年： 1956 年＝**neunzehnhundertsechsundfünfzig** というように 100 の位を単位として読みます。
② 1100 年未満および 2000 年以上は普通の数字と同じ読みます： 2016 年＝**zweitausendsechzehn**。

おもな不規則動詞の変化表

不定詞	直説法現在	直説法過去	接続法第2式	過去分詞
beginnen 始める、始まる		begann	begänne (begönne)	begonnen
bieten 提供する		bot	böte	geboten
binden 結ぶ		band	bände	gebunden
bitten 頼む		bat	bäte	gebeten
bleiben とどまる		blieb	bliebe	geblieben
brechen 破る	*du* brichst *er* bricht	brach	bräche	gebrochen
bringen もたらす		brachte	brächte	gebracht
denken 考える		dachte	dächte	gedacht
dürfen 〜してもよい	*ich* darf *du* darfst *er* darf	durfte	dürfte	gedurft (dürfen)
essen 食べる	*du* isst *er* isst	aß	äße	gegessen
fahren (乗り物で) 行く	*du* fährst *er* fährt	fuhr	führe	gefahren
fallen 落ちる	*du* fällst *er* fällt	fiel	fiele	gefallen
fangen 捕まえる	*du* fängst *er* fängt	fing	finge	gefangen
finden 見つける		fand	fände	gefunden
fliegen 飛ぶ		flog	flöge	geflogen
geben 与える	*du* gibst *er* gibt	gab	gäbe	gegeben
gehen 行く		ging	ginge	gegangen
gelingen うまくいく		gelang	gelänge	gelungen
genießen 楽しむ		genoss	genösse	genossen

不定詞	直説法現在	直説法過去	接続法第2式	過去分詞
geschehen 起こる	es geschieht	geschah	geschähe	geschehen
gewinnen 得る		gewann	gewänne (gewönne)	gewonnen
graben 掘る	du gräbst er gräbt	grub	grübe	gegraben
greifen つかむ		griff	griffe	gegriffen
haben 持っている	du hast er hat	hatte	hätte	gehabt
halten つかんでいる	du hältst er hält	hielt	hielte	gehalten
hängen かかっている		hing	hinge	gehangen
heben 上げる		hob	höbe	gehoben
heißen 〜と呼ばれる		hieß	hieße	geheißen
helfen 助ける	du hilfst er hilft	half	hülfe (hälfe)	geholfen
kennen 知る		kannte	kennte	gekannt
kommen 来る		kam	käme	gekommen
können 〜できる	ich kann du kannst er kann	konnte	könnte	gekonnt (können)
laden 積む	du lädst er lädt	lud	lüde	geladen
lassen 〜させる	du lässt er lässt	ließ	ließe	gelassen
laufen 走る	du läufst er läuft	lief	liefe	gelaufen
lesen 読む	du liest er liest	las	läse	gelesen
liegen 横たわっている		lag	läge	gelegen
mögen 好きである 〜かもしれない	ich mag du magst er mag	mochte	möchte	gemocht (mögen)
müssen 〜しなければならない	ich muss du musst er muss	musste	müsste	gemusst (müssen)

不定詞	直説法現在	直説法過去	接続法第2式	過去分詞
nehmen 取る	*du* nimmst *er* nimmt	nahm	nähme	genommen
nennen 名を言う		nannte	nennte	genannt
raten 助言する	*du* rätst *er* rät	riet	riete	geraten
reiten 馬に乗る		ritt	ritte	geritten
rufen 叫ぶ		rief	riefe	gerufen
scheinen 〜に見える, 輝く		schien	schiene	geschienen
schlafen 眠っている	*du* schläfst *er* schläft	schlief	schliefe	geschlafen
schlagen 打つ	*du* schlägst *er* schlägt	schlug	schlüge	geschlagen
schließen 閉じる		schloss	schlösse	geschlossen
schneiden 切る		schnitt	schnitte	geschnitten
schreiben 書く		schrieb	schriebe	geschrieben
schreien 叫ぶ		schrie	schriee	geschrie[e]n
schweigen 黙る		schwieg	schwiege	geschwiegen
schwimmen 泳ぐ		schwamm	schwömme (schwämme)	geschwommen
sehen 見る	*du* siehst *er* sieht	sah	sähe	gesehen
sein 〜である	*ich* bin *du* bist *er* ist	war	wäre	gewesen
singen 歌う		sang	sänge	gesungen
sinken 沈む		sank	sänke	gesunken
sitzen すわっている		saß	säße	gesessen
sollen 〜すべきである	*ich* soll *du* sollst *er* soll	sollte	sollte	gesollt (sollen)

不定詞	直説法現在	直説法過去	接続法第2式	過去分詞
sprechen 話す	*du* sprichst *er* spricht	sprach	spräche	gesprochen
stehen 立っている		stand	stünde (stände)	gestanden
steigen 登る		stieg	stiege	gestiegen
sterben 死ぬ	*du* stirbst *er* stirbt	starb	stürbe	gestorben
tragen 運ぶ	*du* trägst *er* trägt	trug	trüge	getragen
treffen 出会う	*du* triffst *er* trifft	traf	träfe	getroffen
treiben 追う		trieb	triebe	getrieben
treten 歩む	*du* trittst *er* tritt	trat	träte	getreten
trinken 飲む		trank	tränke	getrunken
tun する	*ich* tue *du* tust *er* tut	tat	täte	getan
vergessen 忘れる	*du* vergisst *er* vergisst	vergaß	vergäße	vergessen
verlieren 失う		verlor	verlöre	verloren
verschwinden 消える		verschwand	verschwände	verschwunden
wachsen 成長する	*du* wächst *er* wächst	wuchs	wüchse	gewachsen
waschen 洗う	*du* wäschst *er* wäscht	wusch	wüsche	gewaschen
wenden 向ける		wandte	wendete	gewandt
werden ～になる	*du* wirst *er* wird	wurde	würde	geworden (worden)
werfen 投げる	*du* wirfst *er* wirft	warf	würfe	geworfen
wissen 知っている	*ich* weiß *du* weißt *er* weiß	wusste	wüsste	gewusst
wollen ～したい	*ich* will *du* willst *er* will	wollte	wollte	gewollt (wollen)
ziehen 引く		zog	zöge	gezogen

荻野蔵平（おぎの　くらへい）
熊本大学教授

Tobias Bauer
熊本大学准教授

会話中心・ドイツ語初級文法
ⓒ　Los geht's!

2016年2月2日　初版発行	定価　本体**2,500**円（税別）
2019年3月3日　再版発行	

編　者　　荻　野　蔵　平
　　　　　Tobias Bauer
発行者　　近　藤　孝　夫
印刷所　　研究社印刷株式会社
発行所　　株式会社　同　学　社
〒112-0005　東京都文京区水道1-10-7
電話 03-3816-7011　　振替 00150-7-166920

ISBN 978-4-8102-0886-3　　Printed in Japan

許可なく複製・転載すること並びに
部分的にもコピーすることを禁じます。

アポロン独和辞典

［第3版］

根本・恒吉・吉中・成田・福元・重竹　［共　編］
有村・新保・本田・鈴木

B6判・1836頁・箱入り・2色刷　　定価　本体　4,200円（税別）

初学者のために徹した最新の学習ドイツ語辞典！

- ◆ 最新の正書法に完全対応
- ◆ 実用に十分な5万語を収録
- ◆ すぐ読めるカナ発音つき
- ◆ 学習段階に応じ見出し語をランク付け
- ◆「読む・書く・話す」を強力に支援
- ◆ 見やすい紙面・豊富な図版
- ◆ すぐに役立つコラムと巻末付録
- ◆ ドイツが見える「ドイツ・ミニ情報」

巻末付録　和独の部／手紙の書き方／環境用語／福祉用語／建築様式／ドイツの言語・政治機構・歴史／ヨーロッパ連合（EU）と欧州共通通貨ユーロ（Euro）／発音について／最新の正書法のポイント／文法表／動詞変化表

やさしい！ドイツ語の学習辞典

根本道也　編著

B6判・770頁・箱入り・2色刷　　定価　本体　2,500円（税別）

- ● 見出し語総数約7000語。カナ発音付き。
- ● 最重要語600語は、大きな活字で色刷り。
- ● 最重要語の動詞や名詞の変化形は一覧表でそのつど表示。
- ● 一段組の紙面はゆったりと見やすく、目にやさしい。
- ● 巻末付録：「和独」「簡単な旅行会話」「文法」「主な不規則動詞変化表」

〒112-0005　東京都文京区水道1-10-7　　同学社　　tel 03-3816-7011　　fax 03-3816-7044
http://www.dogakusha.co.jp　　　　　　　　　　　　振替 00150-7-166920

推薦の言葉

デジタルの時代にこそ紙の辞書を　　　保阪　靖人

『アポロン独和』が改訂された。「今度はどんなアプローチなのか」と辞典に携わった経験者としては興味津々であった。文のイントネーション表記や音楽用語、対話形式のドイツ情報など新たな試みが満載だ。もちろん初学者に「優しくていねい」は今まで通り。デジタルの時代だからこそ「じっくり読む」紙の辞書が求められている。手元に置いて語や文の豊かな意味や用法を参照するのにうってつけの辞書である。　（日本大学教授）

図鑑のようにめくってみよう　　　山本　佳樹

子どものころ、動物図鑑や植物図鑑をめくりながら時を忘れたことはないだろうか。単語の意味を調べるだけなら電子辞書やアプリでも事足りるかもしれない。しかし、未知の世界に想いを馳せたいなら、やっぱり紙の辞書にかぎる。アポロンを図鑑のようにめくってみよう。アップデートされた単語や例文、工夫されたコラムや付録が、ときめく出会いを待っている。発音も聴けるようになった。ここからドイツ語の冒険に羽ばたこう。

（大阪大学教授）

ついつい読みふけってしまう素晴らしい辞典／事典　　　清野　智昭

危ない、危ない。知らない単語を引いただけなのに、ついつい読みふけってしまう。執筆者の仕掛けに身を任せて、ドイツ語の大海に漕ぎ出そう。語の意味や用法の記述が正確なのは当然として、例文はどれも考え抜かれ、暗記すれば正しい語感が身につくように工夫されている。類義語との微妙な意味の違いもわかる。圧巻は巻末の「付録」。音楽用語や建築様式まで載っている。アポロン［第4版］。素晴らしい辞典／事典が誕生した。

（学習院大学教授）

太陽神のごとく！　　　小黒　康正

手元の独和辞典で Nationalsozialismus を引いてみよう。英和や仏和辞典の対応語の項目でも、国語辞典の「ナチス」や「ナチズム」の項目でもよい。実は、高校の教科書で採用されておらず、専門家がほとんど使わない「国家社会主義」という訳語が大半だ。その中で『アポロン』は「国民社会主義」という訳語をいち早く採用。何という剛毅果断！進取の気性に富むこの辞書は、日本の辞書の歴史において、太陽神のごとく光を放つ。

（九州大学教授）

イントネーションを視覚的に捉えて単語を覚えよう　　　生駒　美喜

新しく習ったドイツ語の単語や表現で例文を作り、ノートに書いて発音する。このようにして文字と音声の両方で語彙を覚えていくことを私は学生に勧めている。『アポロン独和辞典第4版』では、キーセンテンスとなる例文が豊富で、音声を聞き、イントネーションを視覚的に捉えることができる。この辞典を用いれば、学習者が生きたドイツ語を効果的に身に着けることができると確信している。

（早稲田大学教授）

責任編集執筆者	根本道也	恒吉良隆	成田克史	福元圭太	重竹芳江	堺　雅志　嶋﨑　啓
執　筆　者	吉中幸平	有村隆広	新保弼彬	本田義昭	鈴木敦典	MICHEL, Wolfgang
	安藤秀國	米沢　充				
協　力　者	RUDE, Markus		HOLST, Sven		GODZIK, Maren	
	REICHART, André		DEL CASTILLO, Susana			横山　淳子

〒112-0005　東京都文京区水道 1-10-7　　同学社　　TEL 03-3816-7011　FAX 03-3816-7044
https://www.dogakusha.co.jp/

◆◆◆◆◆◆ ドイツをもっと知るために ◆◆◆◆◆◆

IV. 音楽用語 から

(A) 音部記号 (Noten∥schlüssel 男 -s/-)
G-Schlüssel ト音記号 (下図 1a, 以下同様).
F-Schlüssel ヘ音記号 (1b).

(B) 音符 (Note 女 -/-n)
ganze Note 全音符 (2a).
halbe Note 2分音符 (2b).
Viertel∥note 4分音符 (2c).
Achtel∥note 8分音符 (2d).
Sechzehntel∥note 16分音符 (2e).

(C) 休符 (Pause 女 -/-n)
ganze Pause 全休符 (3a).
halbe Pause 2分休符 (3b).
Viertel∥pause 4分休符 (3c).
Achtel∥pause 8分休符 (3d).
Sechzehntel∥pause 16分休符 (3e).

1a 1b 2a 2b 2c 2d 2e 3a 3b 3c 3d 3e

V. 環境用語 から

Bio∥diversität 女 生物多様性.
Bio∥gas 中 バイオガス.
Bio∥kraftwerk 中 バイオマス発電所.
Bio∥kost 女 自然食品.
Bio∥laden 男 自然食品(雑貨・化粧品)店.
biologisch abbaubar 形 有機分解できる.
biologisch-dynamisch 形 (農薬を使わない)自然農法の, 無農薬の.
Bio∥masse 女 バイオマス.
Bio∥müll 男 ＝Bioabfall
Bio∥produkte 複 (主に食品で)オーガニック製品.
Bio∥siegel 中 (ドイツ政府認定の)オーガニック認証マーク.

オーガニック認証マーク

VI. 福祉用語 から

Elternzeit 女 育児休業[期間].
Evangelisches Werk für Diakonie und Entwicklung 中 ドイツ福音派教会社会奉仕団(ドイツの6大福祉団体の一つ; 略: EWDE).

F

familienentlastender Dienst 男 (福祉団体などによる)家族負担軽減サービス(主に障害児を持つ家庭を対象とし, 様々な余暇活動を提供するサービス).

Pflege 女 介護.
pflege∥bedürftig 形 介護の必要な.
Pflege∥bedürftige[r] 男 要介護者.
Pflege∥bedürftigkeit 女 要介護[状態].
Pflege∥dienst 男 介護サービス業[務].
Pflege∥fachkraft 女 介護専門職.
Pflege∥geld 中 (介護保険の)介護手当.
Pflege∥heim 中 介護ホーム.
Pflege∥hilfsmittel 中 介護補助器具.
Pflege∥kasse 女 介護保険[組合](ドイツの公的介護保険の保険者).

VII. 歴史年表 から

2018	10.	メルケル, 2021年任期満了での政界引退を表明	2020	新型コロナ, 世界に蔓延
2020	**1.**	イギリス, **EU を離脱** EU-Austritt des Vereinigten Königreiches (Brexit)	2021	東京オリンピック・パラリンピック
2021	12.	ショルツ (SPD), 連邦首相に就任		

ほかに　建築様式／ドイツの言語・政治機構・歴史／ヨーロッパ連合(EU)と欧州共通通貨ユーロ(Euro)／発音について／最新の正書法のポイント／文法表／動詞変化表

豊富な巻末付録

◆◆◆◆◆◆ ドイツ語発信の基本ツール ◆◆◆◆◆◆

I. 和独の部 から

教える 〖～に～を〗人4 事4 lehren; 授業をする Unterricht geben*. ☞ 言う，示す，知らせる. // ドイツ語を教える Deutschunterricht geben*.
おじさん おじ・(よその)おじさん der Onkel.
惜しむ 〖～を〗 大切に使う mit 物3 sparsam um|gehen*. ☞ 残念に思う.
おしゃべり ❶ 雑談 die Plauderei. ❷ 口数の多い人 der Schwätzer.
おしゃべりする 雑談する plaudern; 〖[～と]〗歓談する sich4 [mit 人3] unterhalten*.
おしゃれな しゃれた schick; 洗練された elegant; 上品な vornehm.

- 動詞が何と結びつくかがわかる
- 用例が表現の幅を広げる
- 類語で最適のドイツ語を見つける
- 日本語の意味ごとに訳語がある
- 不規則変化動詞にもすぐ気づく

II. 日常会話 から

9. レストラン (Restaurant) ▶140

A: すみません，メニューをください．
　　Entschuldigung, die Speisekarte bitte!
B: お持ちしました，どうぞ．
　　Hier, bitte sehr!

B: 何になさいますか？
　　Sie wünschen?

A: ポテトサラダにします．
　　Ich nehme einen Kartoffelsalat.
B: お飲みものはいかがですか？
　　Möchten Sie etwas trinken?
A: はい，ビールを1杯ください．
　　Ja, bitte ein Bier.

A: すみません，勘定をお願いします．
　　Entschuldigung, kann ich zahlen?

III. メールの書き方 から

1. メール (E-Mail) (文例の内容は家族写真の送付)

An	Thomas_paul@luebeck.apoll.de	[Empfänger 受信者]
Von	Katia@campus.lmu.de	[Absender 送信者]
Kopie	erika@mann.ac.de	[CC]
Betreff	Familienfoto	[件名]

Lieber* Thomas,

vielen Dank für deine Mail! Ich war übers Wochenende bei meinen Eltern. Ich schicke dir ein Foto von uns. Wann kann ich dich wiedersehen?

Liebe Grüße
Deine* Katia

mit_eltern.jpg　　　　　　　　　　[Anhang 添付ファイル]

件名は簡潔に，必ず書こう．
件名の例: Gruß aus ... (地名) …からのご挨拶 / Eine Bitte (Textkorrektur) お願い (文章修正) / Gute Besserung! お大事に / [Eine] Frage zu ... (または Fragen zu ...) …に関するお尋ね など．

本文も要領よくまとめよう．
冒頭に呼びかけとして相手の名前，末尾に結語と自分の名前を忘れずに．

メモ 「親愛なる」を意味する lieber は男性の受取人への呼びかけに付ける形．相手に対する親愛の情や敬意を表す場合は差出人名の前に男性には dein，女性には deine を付ける．

◆◆◆◆◆◆ ドイツ語学習の即戦力 ◆◆◆◆◆◆

hel·fen＊ Ⓐ1 [ヘるフェン hélfən]

助ける　Ich *helfe* dir.
　　　　イヒ　ヘるフェ　ディア
　　　　君に手を貸してあげよう。

人称	単		複	
1	ich	helfe	wir	helf**en**
2	du	hilf**st**	ihr	helf**t**
3	er	hilf**t**	sie	helf**en**
(2人称敬称 単・複: Sie helf**en**)				

→ すぐ使える例文600以上
→ 最重要動詞は人称変化表付き
→ 変化形の注目点は太字と赤字
→ 重要動詞の過去基本形・完了形

(half, *hat* ... geholfen) 自 (完了) haben) ❶ 〚3格とともに〛(人³を)助ける, 手伝う. (英 help). Er *hilft* mir finanziell. 彼は経済的に私を… ◇〚前置詞とともに〛人³ **auf** die Beine *helfen* a) 人³を助け起こす, b) (経済的・医学的に) 人³を再起させる / 人³ **bei** 事 *helfen* 人³が事³をするのを手伝う ⇒ Er *hilft* mir bei der Arbeit. 彼は私の仕事を手伝って…

→ 文法上の留意点

[類語] helfen:「助ける, 手伝う」の意味で用いられる最も一般的な語. bei|stehen: (難しい状況にある人を親身になって)助ける, 支援する. unterstützen: (人を助言などにより…)支援する, 援助する.

→ 類語の細かい使い分け
→ 動詞と結び付く前置詞

＊**wi·schen** … ❶ 〚A⁴ **von** (または **aus**) B³〛(A⁴をB³から)ふき取る, ぬぐい取る. …
人³ (sich³) die Tränen⁴ aus den Augen *wischen* 人³の(自分の)目から涙をぬぐう …

＊**vor·le·sen**＊ [フォーァ・れーゼン fó:ɐ̯-le:zən]
du *liest* … *vor*, er *liest* … *vor* (*las* … *vor*, *hat* … *vor*gelesen) 他 (完了 haben) (人³に物⁴を)読んで聞かせる, 朗読する.

→ 重要動詞の不規則な現在人称変化

＊＊＊**jung** Ⓐ1 [ユング júŋ]

若い　Wir sind noch *jung*.
　　　ヴィア ズィント ノッホ ユング
　　　われわれはまだ若い.

形 (比較 jünger, 最上 jüngst) (英 young) ❶ 若い. ((メモ)「年とった」は alt). die *jungen* Leute 若い人たち / ein *junger* Mann 若い男性…

→ 重要形容詞の不規則な比較変化
→ 反意語

Be·hin·der·te[r] [ベ・ヒンダァテ (..ţɐ) bə-híndətə (..ʁ)] 男 女 〚語尾変化は形容詞と同じ〛《官庁》身体(精神)障害者. (メモ) behinderte Person または behinderter Mensch または Menschen mit Behinderung と言うほうが好ましい.

→ 語尾変化することを表す
→ 使用上の注意

＊**die Ach·tung** Ⓐ1 [アハトゥング áxtuŋ] 女
(単) –/ ❶ 尊敬, 尊重. (英 respect). …
▶ achtung·gebietend

ach·tung**ge·bie·tend**, **Ach·tung ge·bie·tend** [アハトゥング・ゲビーテント] 形 尊敬の念をいだかせるような(業績など)…

spa·zie·ren ge·hen＊ –/ spazieren

be·wah·ren [ベ・ヴァーレン bə-vá:rən] (be-… ◇〚目的語なしでも〛[Gott] *bewahre*! 〚◇bewahren の 接1〛とんでもない, そんなばかな. (☞類語 schützen). …

→ 現在のつづり方による見出し語に導く
→ 二通りのつづり方が可能
→ 現在のつづり方による用例へ導く
→ 接続法の解説

◆◆◆◆◆◆ サッと引く、パッとわかる ◆◆◆◆◆◆

- **＊付きの重要名詞は定冠詞付き**
- **カナ発音**ですぐ読める
- ネットで聞ける**音声トラック**
- **イントネーション**が一目でわかる100例文
- 重要名詞の**単数2格と複数形**は詳しく
- **原意**を添えて理解を助ける
- **関連する情報**を詳しく
- **重要度**を＊の数で表す
- **ヨーロッパ言語共通参照枠**のレベル
- 重要名詞の**複数3格形**
- **英語同意語**
- **前置詞句**はアルファベット順
- **単数2格と複数形**
- **女性形**の作り方
- **関連する情報**
- 表紙裏の**地図**上の位置
- 前置詞の**結び付く格**
- **完了の助動詞**の使い分け：(h)はhaben, (s)はsein

***der **Baum** ⒶⅠ [バオム báʊm]
▶009
木
Der Baum hat viele Blüten.
デァ バオム ハット フィーレ ブリューテン
その木はたくさんの花をつけている．

男 (単2) -es(まれに -s)(複) Bäume [ボイメ](3格のみ Bäumen) ❶ 木, 樹木, 立ち木. (英 tree). Nadelbaum 針葉樹 / ein alter Baum 老木 / … / Auf einen Hieb fällt kein Baum. 《ことわざ》大事業は一挙にはできない《←一打で倒れる木はない》/ den Wald vor lauter Bäumen nicht sehen《戯》個々のものにとらわれて…

メモ ドイツでよく見かける木: der Ahorn かえで / der Apfelbaum りんごの木 / die Birke しらかば / die Birne 梨の木 / die Buche ぶな / …

*die **Bäu·me** [ボイメ bóymə] Baum (木)の複 Der Taifun hat viele Bäume entwurzelt. その台風は多くの木々を根こそぎにした.

***der **Mit·tag**¹ ⒶⅠ [ミッターク mítaːk]
正午 Bald ist es Mittag.
バルト イスト エス ミッターク
間もなくお昼です．

男 (単2) -s/(複) -e (3格のみ -en) ❶ 正午, [真]昼. (英 noon). Vormittag 午前 / Nachmittag 午後 / Montagmittag 月曜日の正午 / ein heißer Mittag 暑い昼どき / eines Mittags ある日の昼[ごろ]に / heute Mittag きょうの正午に / **am** Mittag 正午に, 昼に / **gegen** Mittag 昼ごろ / **im** Mittag des Lebens 《比》人生の最盛期に / **über** Mittag 昼どきに / **zu** Mittag essen 昼食を食べる. …

Mit·tag² [ミッターク] 中 -s/《口語》昼食.
Mit·schü·ler [ミット・シューラァ] 男 -s/- (小・中学校などの)同級生, 学校の友だち. (女性形: -in). メモ「大学での学友」はKommilitone).
Schub·fach [シューブ・ファッハ] 中 -[e]s/..fächer 引き出し (＝Schublade).
Aa·chen [アーヘン áːxən] 中 -s/《都市名》アーヘン (ドイツ, ノルトライン・ヴェストファーレン州. 大聖堂にカール大帝の墓がある《☞地図》C−3).
***trotz [トロッツ tróts] 前 《2格(まれに3格)とともに》…にもかかわらず, …なのに. (英 in spite of). Wir gingen trotz des Regens spazieren. 私たちは雨にもかかわらず散歩に出かけた.
flo·rie·ren [フロリーレン floríːrən] 自 (h) (商売・学問などが)栄える, 繁栄する.

◆◆◆◆ 新しい見出し語もふんだんに ◆◆◆◆

Bür·ger·ver·si·che·rung [ビュルガァ・フェアズィッヒェルング] 囡 –/–en 国民保険.
Co·ro·na·kri·se, Co·ro·na·Kri·se [コローナ・クリーゼ] 囡 –/– コロナ危機, コロナ禍.
Dash cam [デッシュ・ケム] [英] 囡 –/–s ドライブレコーダー.
Geis·ter spiel [ガイスタァ・シュピール] 中 –[e]s/–e《口語》(スポーツで:)無観客試合; 客席がらがらの試合.
Ge·sund·heits·kar·te [ゲズントハイツ・カルテ] 囡 –/–n (保険証としての)健康保険カード.
han·dy·frei [ヘンディ・フライ] 形 携帯電話使用禁止の.
Hass·ver·bre·chen [ハス・フェアブレッヒェン] 中 –s/– ヘイトクライム(人種・宗教などへの偏見から引き起こされる犯罪行為).
Jah·res·wa·gen [ヤーレス・ヴァーゲン] 男 –s/– (1年程度使用しただけの)新車並みの中古車.
Lie·fer·droh·ne [リーファァ・ドローネ] 囡 –/–n (商品・物資の)配送ドローン.
li·ken [ライケン láıkən] [英] 自 (h) 他 (h) (ソーシャルネットワークで:)([動⁴に])「いいね!」ボタンをクリックする, 「いいね」する.
Mi·gra·ti·ons·hin·ter·grund [ミグラツィオーンス・ヒンタァグルント] 男 –[e]s/..gründe 移民のルーツ(背景). (☞「ドイツ・ミニ情報25」, ページ下).
Ori·ga·mi [オリガーミ origá:mi] 中 –[s]/ 折り紙.
pos·ten [ポーステン pó:stən] 他 (h) (ﾈｯﾄに) (コメントなど⁴をネット上に)投稿する.
Roll·kof·fer [ロる・コッふァァ] 男 –s/– キャリーバッグ, トロリーケース(伸縮ハンドル・キャスター付きの旅行かばん).
Sa·shi·mi [ザシーミ zaʃí:mi | サ.. sá..] 中 –s/–s 刺身.
selbst·fah·rend [ゼるプスト・ファーレント] 形《自動車》自動運転の(車・バスなど).
Shit storm [シット・ストーァム] [英] 男 –s/–s (ﾈｯﾄに) (インターネット上の)炎上.
Tem·po·mat [テンポマート tɛmpomá:t] 男 –[e]s (または –en)/–e[n]《商標》《自動車》定速走行装置, クルーズコントロール. (✍ Tempo と Automat との合成語).
Was·ser·stoff·ge·sell·schaft [ヴァッサァシュトふ・ゲゼるシャふト] 囡 –/–en 水素社会(水素を主要なエネルギー源として日常生活や産業活動に活用する社会システム).
Wut·bür·ger [ヴート・ビュルガァ] 男 –s/–《口語》(新聞業界で:)怒れる市民. (女性形: –in).

◆◆◆◆ 多彩な写真とイラスト ◆◆◆◆

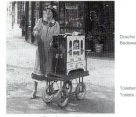
Drehorgel

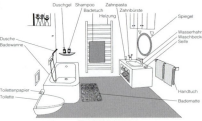
Badezimmer

essen

◆◆ ドイツ・ミニ情報 アポロン🧑とアルテミス👩のドイツ案内 ◆◆

大学 Universität

🧑 2000年以降の教育改革で, 大学制度は大きく変わったわね.

👩 うん. バチェラーコース, マスターコースの新設があった. これはヨーロッパ共通の大学環境整備を目指すボローニャ改革(1999年)で定められた目標の一部だ. これによってドイツの大学にもバチェラー, マスターという二段階の学位コースが導入された. バチェラーは日本やアメリカの「学士」に, マスターは「修士」に相当する. 新制度のマスターは従来の総合大学のディプロームやマギスターとほぼ同レベルの学位だ.

🧑 「博士」はどうなってるの.

👩 博士の学位を取ろうとするなら, まずマスターコースを修了するのが一般的だ. 学位取得の方法はいくつかあって, 指導を受けたい教授に願い出て内諾を受け, 大学の承認が得られれば博士号取得を目指す学生として指導を受けることができる. ほかに, 大学によっては研究プログラムに学生を組み入れて博士を育成する所もあれば, カリキュラムに沿って博士課程教育を行う所もある.

🧑 私も挑戦してみようかな.

👩 やってごらん. 大事なのは研究への強い意志を持つことだ.

講義風景 © BUNDESBILDSTELLE BONN

◆◆◆◆◆◆ 美しい紙面・手堅い構成 ◆◆◆◆◆◆◆

[本文見本]
hüsteln

サール (Edmund Husserl 1859–1938; ドイツの哲学者).
hü·steln [ヒューステルン hýːstəln] 自 (h) 軽いせきをする, 軽くせきばらいする.
* **hus·ten** Ⓐ2 [フーステン húːstən] du hustest, er hustet (hustete, *hat … gehustet*) Ⅰ 自 《完了》 haben) ❶ せきをする. 《英 *cough*》. Er *hustet* schon tagelang. 彼はもう何日もせきをしている / diskret *husten* (合図として:)そっとせきばらいする / auf 物⁴ *husten* 《俗》物⁴を問題にしない. ❷《口語》(エンジンが)ノッキングする.
Ⅱ 他 《完了》haben) (たんなど⁴を)せきをして吐き出し, Blut⁴ *husten* 喀血（かっけつ）する, せきをして血を吐く / Ich *werde* dir eins *husten*! 《俗》 おまえの言うとおりになどするものか.
Hus·ten Ⓐ1 [フーステン húːstən] 男 –s/
《ふつう 単》 せき. Keuch*husten* 百日ぜき / trockener *Husten* 乾性せき, からぜき / Ich habe *Husten*. 私はせきが出ます.
Hus·ten|an·fall [フーステン・アンファル] 男 –[e]s/..fälle せきの発作.
Hus·ten|bon·bon [フーステン・ボンボン] 中 男 –s/–s せき止めキャンデー, のどあめ.
Hus·ten|mit·tel [フーステン・ミッテル] 中 –s/ せき止め薬.
hus·te·te [フーステテ] husten (せきをする)の 過去
Hu·sum [フーズム húːzum] 中 –s/ 《都市名》
フーズム(ドイツ, シュレースヴィヒ・ホルシュタイン州の港町: ☞ 地図 D–1).

*** *der* **Hut**¹ Ⓑ1 [フート húːt]

帽子 ▶046

Mein Hut fliegt weg!
マイン フート フリークト ヴェック
私の帽子が飛んでいく.

男 (単2) –es (まれに –s)/(複) Hüte [ヒューテ] (3格のみ) Hüten) ❶ (縁のある)**帽子**. 《英 *hat*》. (英《「縁のない帽子」は Mütze). Stroh*hut* 麦わら帽 / Sie trägt einen schicken *Hut*. 彼女はシックな帽子をかぶっている / den *Hut* ab|nehmen (auf|setzen) 帽子を脱ぐ(かぶる) / den *Hut* lüften 帽子をちょっと上げてあいさつする / *Hut* ab vor dieser Leistung! 《口語》この業績はりっぱなものだ(←この業績の前で脱帽!) / vor 人³ den *Hut* ziehen 人³に敬意を払う / Das ist ein alter *Hut*. 《口語》それはもう古くさい話だ.
◇《前置詞とともに》Das kannst du dir an den *Hut* stecken. 《口語》そんなものはいらないよ, 君が持っていればいい(←自分の帽子にでも差しておけ) / mit 人·物³ nichts am *Hut* haben《口語》人·物³とはかかわりたくない / eins⁴ auf den *Hut* bekommen《口語》a) 一発なぐられる, b) 《比》ひどくしかられる / 物⁴ aus dem *Hut* machen《口語》物⁴をその場でやってのける / Mit dem *Hut*[e] in der Hand kommt man durch das ganze Land. 《にこにこ》腰を低くすればうまくいくものだ(←帽子を脱いで手に持てば, 国中を渡り歩ける) / alle⁴ unter einen *Hut* bringen《口語》全員を一致(調和)させる.
❷ (帽子状のもの:)《植》きのこの傘.

Hut

Zylinder

Schirmmütze Zipfelmütze

Badekappe (Badmütze)
帽子のいろいろ

Hut² [フート] 中 –/《雅》❶ 保護, 監督. in guter *Hut* sein よく保管(保護)されている. ❷ 用心, 警戒. bei (または vor) 人·物³ auf der *Hut* sein 人·物³を警戒している.
Hut|ab·la·ge [フート・アップらーゲ] 女 –/–n 帽子棚.
Hü·te [ヒューテ] Hut¹ (帽子)の 複
hü·ten [ヒューテン hýːtən] du hütest, er hütet (hütete, *hat … gehütet*) Ⅰ 他 (h) 《人·物⁴の》番をする, 見張る, 守る. Kühe⁴ *hüten* 牛の番をする / Kinder⁴ *hüten* 子供たちのお守りをする / das Bett⁴ *hüten* 病気で床についている / ein Geheimnis⁴ *hüten*《比》秘密を守る.
Ⅱ 再帰 (h) sich⁴ *hüten* 用心する, 気をつける. sich⁴ vor Ansteckung *hüten* (病気の)感染に用心する / *Hüte* dich, dass du nicht … …しないように気をつけなさい. ◇《zu 不定詞[句]とともに》Ich *werde* mich *hüten*, ihm das zu sagen. 彼にこのことを言うのはやめておこう.
Hü·ter [ヒューター hýːtɐ] 男 –s/ ❶《雅》番人, 監視人. (女性形: –in). der *Hüter* des Gesetzes《戯》警官(←法律の番人). ❷《スポ》ゴールキーパー(= Tor*hüter*).
hü·te·te [ヒューテテ] hüten (番をする)の 過去
Hut|krem·pe [フート・クレンペ] 女 –/–n (帽子の)縁, つば.
Hut|schnur [フート・シュヌーア] 女 –/..schnüre 帽子の飾りひも(ベルト). Das geht mir über die *Hutschnur*! 《口語》それはあんまりだ!
* *die* **Hüt·te** [ヒュッテ hýtə] 女 (単) –/(複) –n
❶ 小屋, あばら屋; ヒュッテ, 山小屋, スキーロッジ (= Ski*hütte*). (英 *hut*). Wir übernachteten in einer *Hütte*. 私たちは山小屋に泊まった / Hier lasst uns *Hütten* bauen!《口語》ここに落ち着く(定住する)ことにしよう. ❷《海》後甲板船室, 船尾楼. ❸ 精錬所.
Hut·ten [フッテン hútən] –s/《人名》フッテン (Ulrich von Hutten 1488–1523; ドイツの人文主義者. 宗教改革を支持した).

APOLLON

第4版

責任編集執筆者
根本　道也
恒吉　良隆
成田　克史
福元　圭太
重竹　芳江
堺　雅志
嶋﨑　啓

アポロン独和辞典

Deutsch-Japanisches Wörterbuch

**ドイツ語を
もっと楽しく**

▶ 初心者に優しくていねいに
▶ ５万語をコンパクトに凝縮
▶ 新しい見出し語もふんだんに
▶ 美しい紙面・手堅い構成
▶ 多彩な写真とイラスト
▶ ドイツ情報満載
▶ 新旧正書法に完全対応

同学社
ISBN978-4-8102-0007-2
B6判・1864頁・箱入り・2色刷
定価 本体 4,200 円（税別）